Impressum
Verlag: BABADADA GmbH, Nedderfeld 112 , 22529 Hamburg
Geschäftsführer / Verlagsleitung: Harald Hof
Druck: Books on Demand GmbH, In de Tarpen 42, 22848 Norderstedt

Imprint
Publisher: BABADADA GmbH, Nedderfeld 112 , 22529 Hamburg, Germany
Managing Director / Publishing direction: Harald Hof
Print: Books on Demand GmbH, In de Tarpen 42, 22848 Norderstedt, Germany

escuela

ښوونځی

dividir
تقسیم

186/2

aula
ټولګی

pizarra
بورډ

patio
د ښوونځي حویلی

maestro/a
ښوونکی

papel
ورق

escribir
لیکل

bolígrafo
قلم

escritorio
ډیسک

regla
خط کش

libro
کتاب

alumno/a
زده کونکی

cartera
کڅوره

caja de lápices
د پنسل بکسه

lápiz
پنسل

sacapuntas
پنسل تراش

goma de borrar
ربړ

cuaderno de dibujo
د رسامۍ پاڼه

dibujo

رسامي

pincel

د نقاشۍ برس

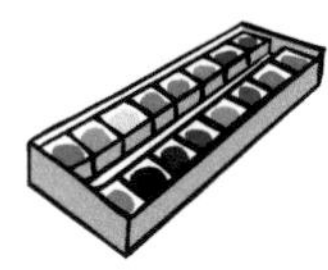

caja de pinturas

د نقاشۍ بکس

tijeras

قیچي

pegamento

سریښ

cuaderno de ejercicios

د تمرین کتاب

deberes

کورنۍ دنده

número

شمیر

sumar

جمع

restar

منفي

multiplicar

ضرب

calcular

حساب

letra

توری

alfabeto

الفبا

palabra

کلمه

texto
....
متن

leer
....
لوستل

tiza
....
تباشير

lección
....
درس

cuaderno de notas
....
راجستر

examen
....
ازموينه

certificado
....
تصديق پاڼه

uniforme escolar
....
د ښوونځي يونيفارم

educación
....
تعليم

enciclopedia
....
دايره المعارف

universidad
....
پوهنتون

microscopio
....
مايکروسکوپ

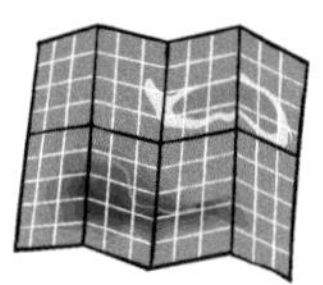

mapa
....
نقشه

papelera
....
اشغالدانی

viaje

سفر

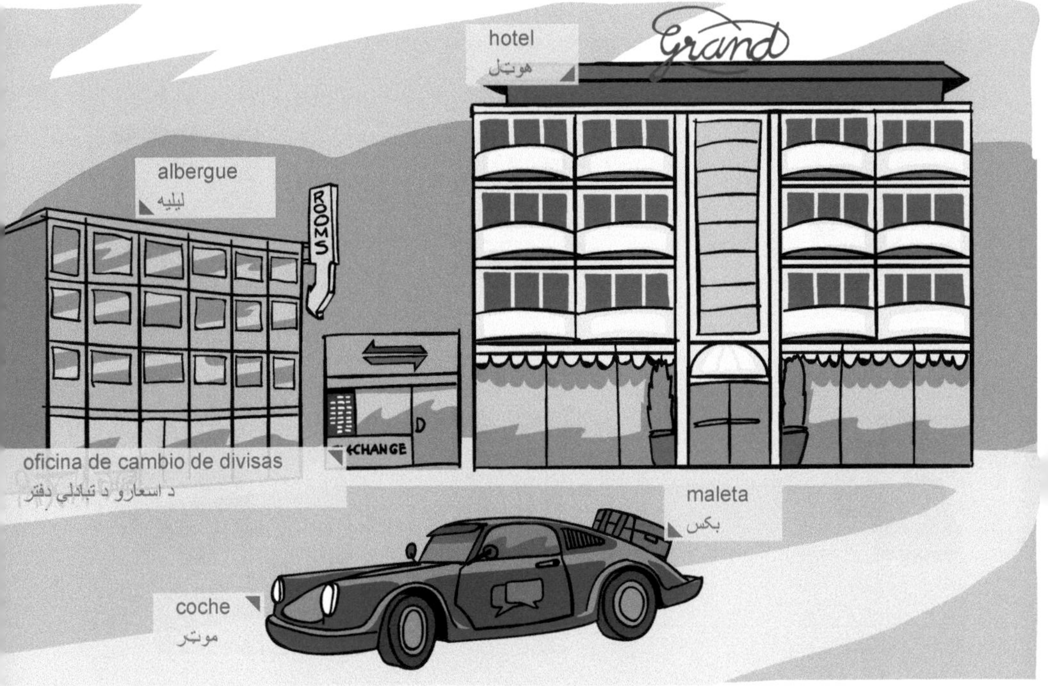

hotel
هوټل

albergue
ليليه

oficina de cambio de divisas
د اسعارو د تبادلي دفتر

maleta
بکس

coche
موټر

idioma

ژبه

sí / no

هو/نه

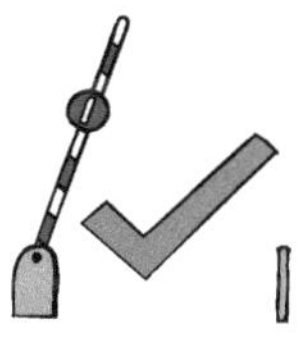

Vale

سمه ده

hola

سلام

traductor

ژباړونکی

Gracias

مننه

¿cuánto es...?

....

څومره دي...؟

No entiendo

....

زه نه پوهیږم

problema

....

ستونزه

¡Buenas tardes!

....

ماښام مو پخیر!

¡Buenos días!

....

سهار په خیر!

¡Buenas noches!

....

شپه په خیر!

adiós

....

په مخه مو ښه

dirección

....

لارښود

equipaje

....

سامان

bolsa

....

بیک

mochila

....

شاتنی بکس

invitado

....

میلمه

habitación

....

خونه

saco de dormir

....

د خوب کڅوړه

tienda de campaña

....

خیمه

información turística

د توریزم معلومات

playa

ساحل

tarjeta de crédito

کریډیټ کارټ

desayuno

ناری

almuerzo

د غرمي خواړه

cena

د شپې خواړه

billete

ټیکټ

ascensor

لفټ

sello

مهر

frontera

پوله

aduana

ګمرک

embajada

سفارت

visa

ویزه

pasaporte

پاسپورټ

transporte

ټرانسپورټ

avión
الوتکه

barco
بیړۍ

coche de bomberos
د اور ماشین

autobús
بس

camión
ټرک

lancha a motor
موټرکښتۍ

bicicleta
بایک

coche
موټر

transbordador
کښتۍ

barca
کښتۍ

moto
موټرسایکل

coche de policía
د پولیسو موټر

coche de carreras
د ریس موټر

coche de alquiler
کرایی موټر

préstamo de vehículos

د کرایه موټري

grúa

جرثقیل لرونکی ټرک

camión de la basura

ریفیوز ټرک

motor

موټر

gasolina

سونګ توکي

gasolinera

پټرول سټیشن

señal de tráfico

ترافیکي نښه

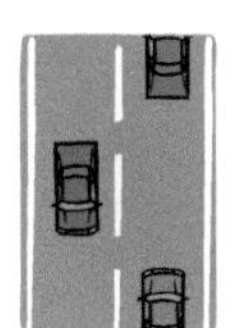

tráfico

ترافیک

atasco

جام ترافیک

aparcamiento

د موټرو تمځای

estación de tren

د ریل سټیشن

vías

پاټکي

tren

ریل

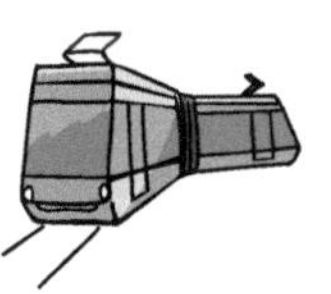

tranvía

ټرام

vagón

واګون

helicóptero

چورلکه

aeropuerto

هوايي ډګر

torre

برج

pasajero

مسافر

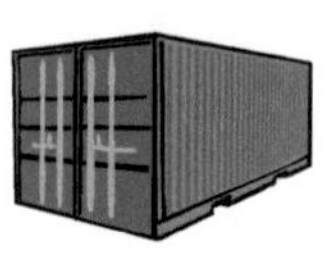

contenedor

کانټېنر

caja de cartón

کارتون

carretilla

کارت

cesta

ټوکرۍ

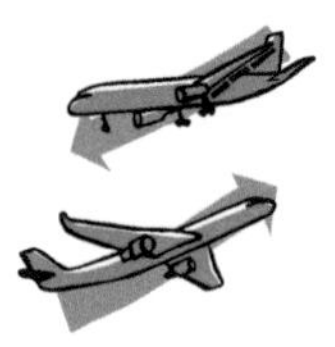

despegar / aterrizar

الوتنه کول/کښېناستل

ciudad

ښار

pueblo

کلی

centro de ciudad

د ښار مرکز

casa

کور

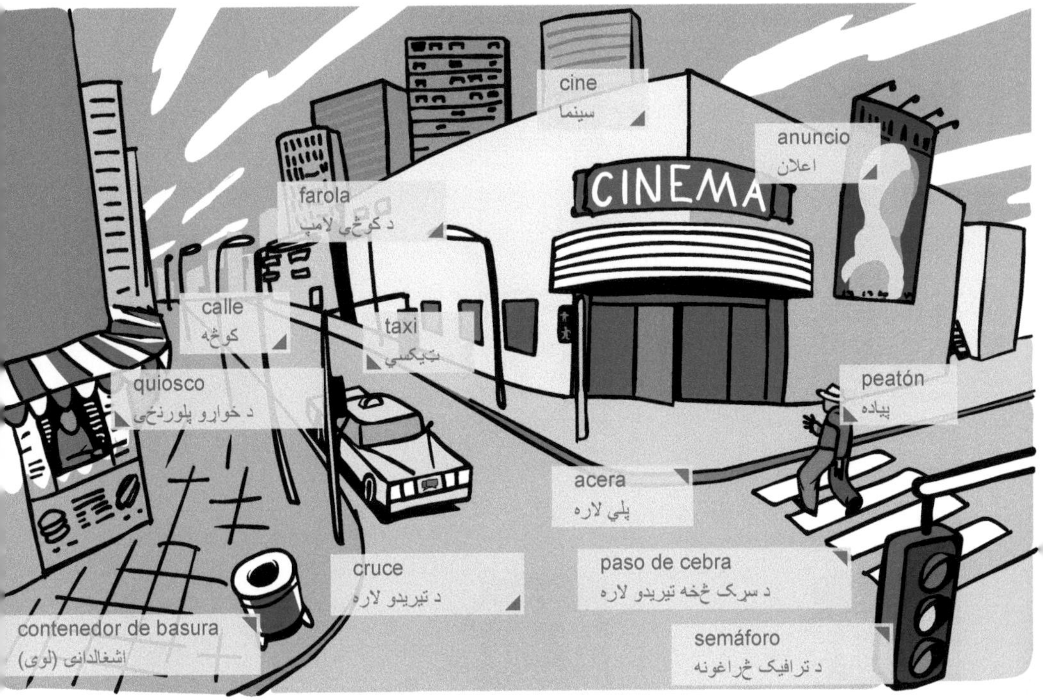

cine
سینما
anuncio
اعلان
CINEMA
farola
د کوڅې لامپ
calle
کوڅه
taxi
ټیکسي
quiosco
د خوارو پلورنځی
peatón
پیاده
acera
پلي لاره
cruce
د تیریدو لاره
paso de cebra
د سړک څخه تیریدو لاره
contenedor de basura
اشغالدانی (لوی)
semáforo
د ترافیک څراغونه

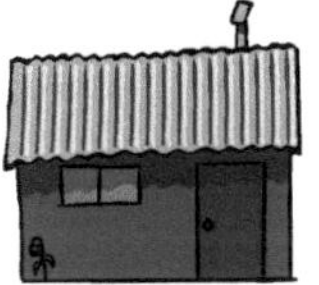

cabaña

کوډله

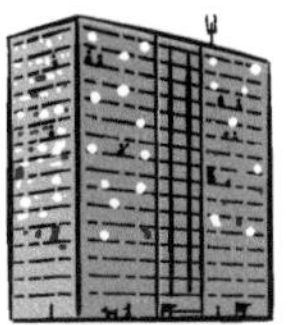

apartamento

اپارتمان

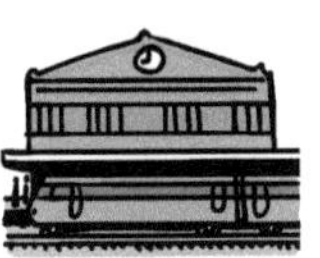

estación de tren

د ریل سټیشن

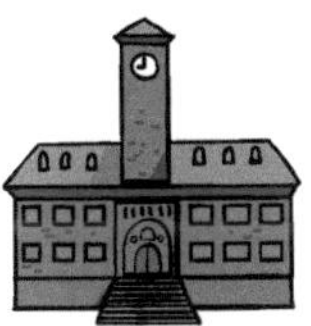

ayuntamiento

ټاون هال

MUSEUM

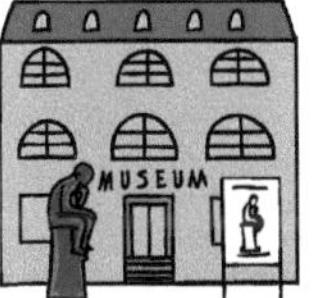

museo

میوزیم

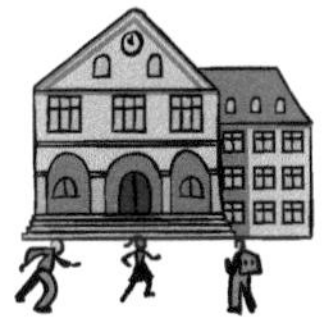

escuela

ښوونځی

universidad

پوهنتون

banco

بانک

hospital

روغتون

hotel

هوټل

farmacia

درملتون

oficina

دفتر

librería

کتاب پلورنځی

tienda

پلورنځی

floristería

د ګلانو پلورنځی

supermercado

لوی پلورنځی

mercado

مارکیټ

grandes almacenes

د ډیپارټمنټ سټور

pescadería

کب پلورنځی

centro comercial

د پلور مرکز

puerto

لنګرتون

parque

....

پارک

banco

....

بينچ

puente

....

پل

escaleras

....

زينه

metro

....

د ځمکي لاندي

túnel

....

تونل

parada de autobús

....

بس تمځای

bar

....

بار

restaurante

....

ریسټورانټ

buzón

....

پوست بکس

poste indicador

....

د کوڅې نښه

parquímetro

....

د پارک کولو میټر

zoo

....

ژوبڼ

piscina

....

د لامبو حوض

mezquita

....

مسجد

granja

کرونده

contaminación

ناپاکي

cementerio

هديره

iglesia

چرچ

patio de juego

د لوبو ډګر

templo

معبد/کليسا

paisaje

منظره

hoja
پاڼه

señal
د لارښوونې نښه

camino
لاره

prado
چمن

piedra
کاڼی

excursionista
هیکر

árbol
ونه

río
سیند

hierba
واښه

flor
ګل

valle

....

دره

colina

....

غونډۍ

lago

....

ناور

bosque

....

ځنګل

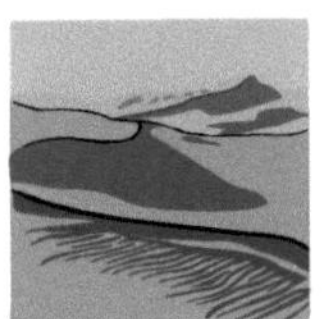

desierto

....

دښته

volcán

....

اورشيندی

castillo

....

کلا

arcoíris

....

رنګين کمان

champiñón

....

مرخيړي

palmera

....

پلم ونه

mosquito

....

ماشي

mosca

....

الوتل

hormiga

....

ميږی

abeja

....

مچۍ

araña

....

غونډله/جولا

escarabajo

گونگټ

rana

چونگښه

ardilla

نولی

erizo

زیږکی

liebre

سوی

lechuza

گونگ

pájaro

مرغۍ

cisne

قازه

jabalí

نرخوگ

ciervo

هوسۍ

alce

گاوزه

presa

بند

turbina eólica

بادي توربين

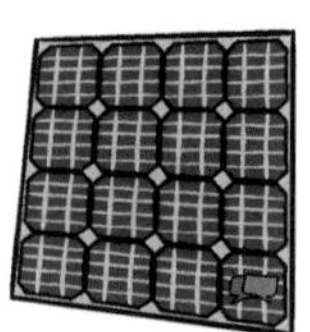

panel solar

سولر تختي

clima

اقليم

restaurante

ریسټورانټ

camarero
پیشخدمت

menú
مینو

silla
چوکۍ

sopa
سوپ

pizza
پیزا

cubertería
بڼاخې، چاقو، کاشوغه

mantel
د میز ټوټه

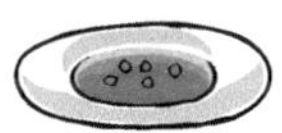

primer plato
....
ستارټر

plato principal
....
اصلي خواړه

postre
....
شیریني

bebidas
....
څښاک

comida
....
خواړه

botella
....
بوتل

comida rápida

فاسټ فوډ

comida callejera

د کوڅې خواړه

tetera

چای جوش

azucarero

قندانی

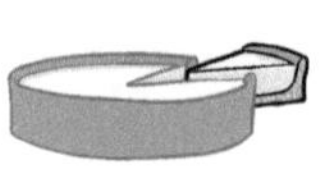

porción

برخه

cafetera expreso

اسپرسو مشین

trona

لوړه چوکۍ

cuenta

رسید

bandeja

مجمه

cuchillo

چاکو

tenedor

پنجه

cuchara

قاشق

cucharilla

چای قاشق

servilleta

سورویت

vaso

ګلاس

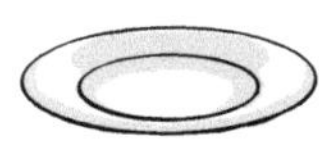

plato
....
پلیټ

plato hondo
....
د سوپ پلیټ

platillo
....
نالبکۍ

salsa
....
ساس

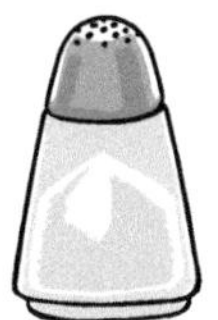

salero
....
مالګه شیندونکی

molinillo de pimienta
....
د مرچ ټکولو لوخی

vinagre
....
سرکه

aceite
....
غوړي

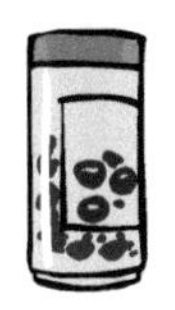

especias
....
مساله

ketchup
....
کچ اپ

mostaza
....
شرشم

mayonesa
....
چکه

supermercado

لوی پلورنځی

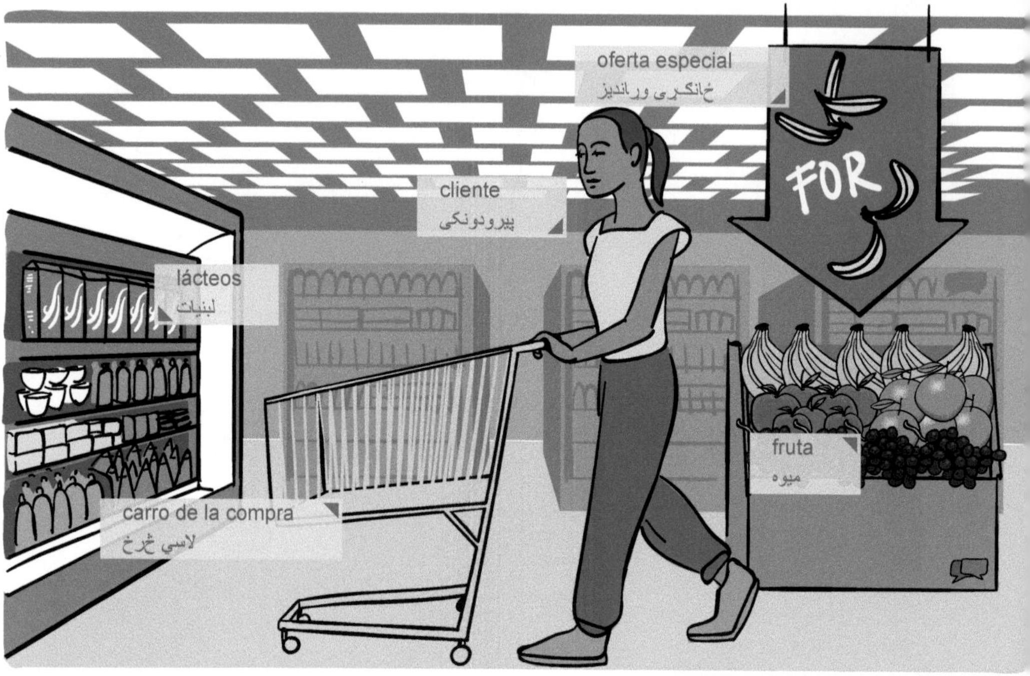

oferta especial
ځانګړی وړاندیز
FOR
cliente
پیرودونکی
lácteos
لبنیات
fruta
میوه
carro de la compra
لاسي څرخ

BUTCHERS

carnicería

قصابي

BAKERY

panadería

نانوايی

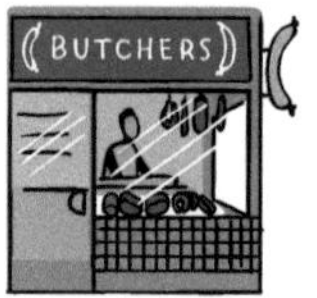

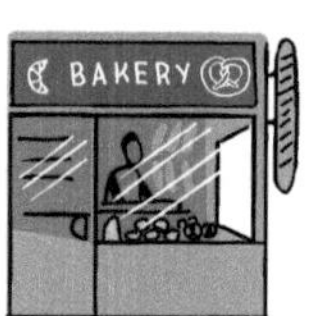

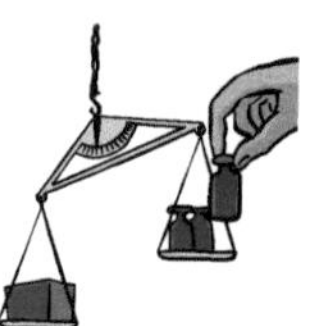

pesar

وزن کول

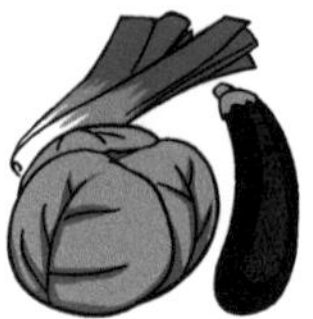

verduras

سبزيجات

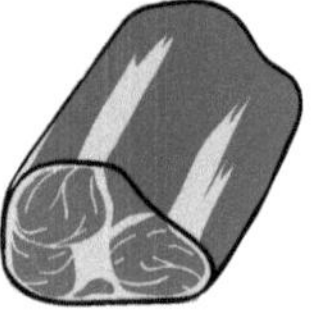

carne

غوښه

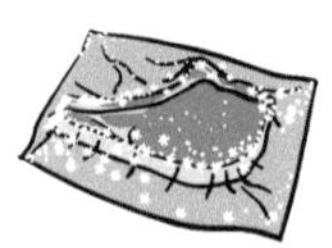

alimentos congelados

کنګل خواړه

fiambres

يخه غوښه

conservas

كنسروا خواړه

detergente en polvo

د مینځلو پوډر

dulces

شيريني

productos de uso doméstico

كورني توليدات

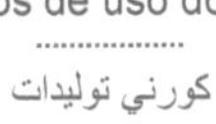

productos de limpieza

د پاکولو محصولات

vendedora

د پلور فرد

caja

د نغدي راجستر

cajero

صراف

lista de la compra

د پیرود لیست

horario de atención al público

كاري ساعتونه

cartera

بټوه

tarjeta de crédito

کریډیټ کارت

bolsa

کڅوړه

bolsa de plástico

پلاستیک کڅوړه

bebidas

څښاک

agua

اوبه

zumo

جوس

leche

شیده

cola

کوک

vino

واین

cerveza

بیر

alcohol

الکول

cacao

ککاو

té

چای

café

کافي

expreso

اسپرسو

capuchino

کپچینو

comida

خواړه

plátano

کیله

manzana

مڼه

naranja

نارنج

melón

هندواڼه

limón

لیمو

zanahoria

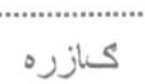

گازره

ajo

هوږه

bambú

بانکس

cebolla

پیاز

champiñón

مرخیړي

avellanas

چغزی

fideos

آش

espagueti

....

سپیګټي

arroz

....

وريجي

ensalada

....

سلاد

patatas fritas

....

چپس

patatas fritas

....

سره کړي کچالو

pizza

....

پیزا

hamburguesa

....

همبرګر

sándwich

....

ساندویچ

filete

....

کتره

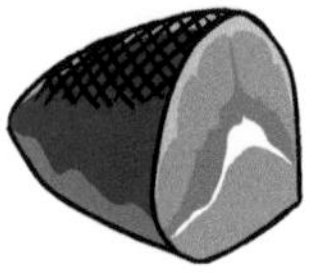

jamón

....

د پتون غوښه

salami

....

سلمي

salchicha

....

ساسچ

pollo

....

چرګ

asado

....

روسټ

pescado

....

کب

copos de avena

د وربشي شيرني

muesli

موسلي

copos de maíz

د جوار پلی

harina

اوړه

cruasán

کروسانت

panecillo

د ډوډی رول

pan

ډوډی

tostada

ټوسټ

galletas

بسکیټ

mantequilla

کوچ

cuajada

چکه

pastel

کیک

huevo

هګی

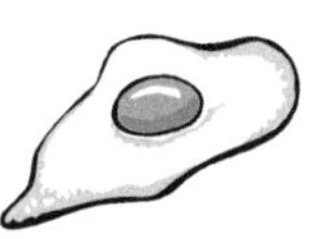

huevo frito

پښي هګی

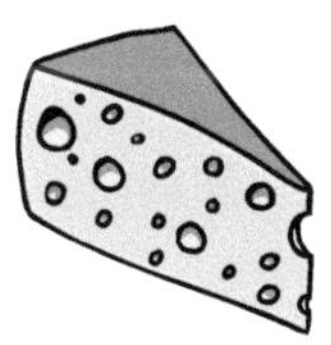

queso

پنیر

helado

آیس کریم

azúcar

بوره

miel

شهد

mermelada

مربا

crema de turrón

نوگاټ کریم

curry

کورکمان

granja

کرونده

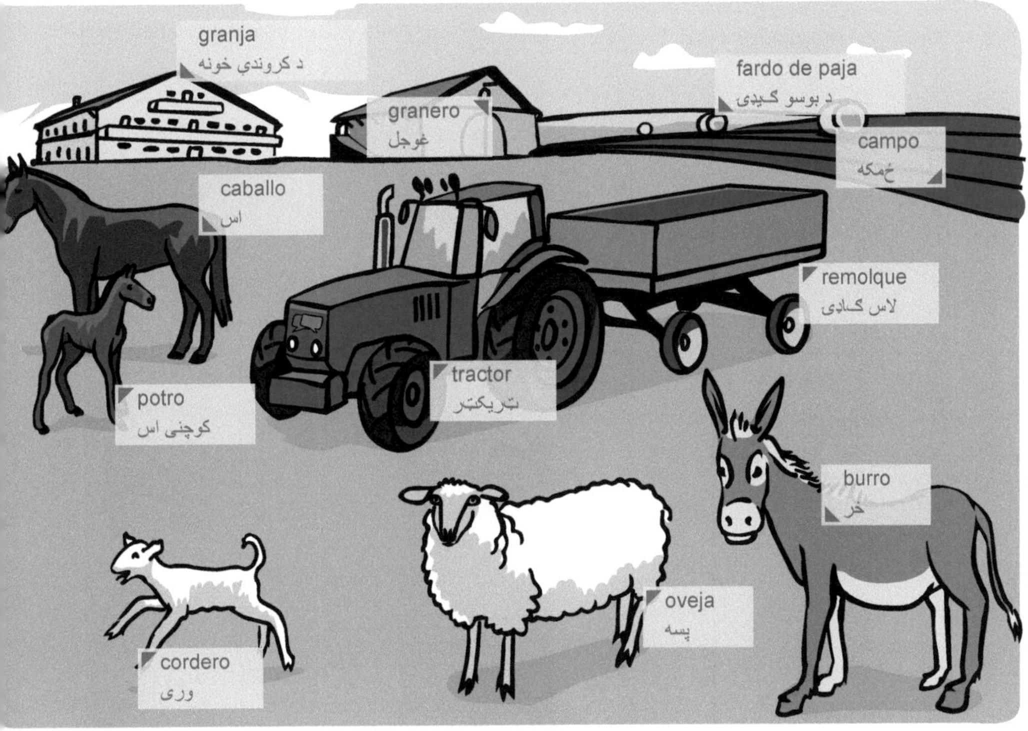

granja
د کروندي خونه

granero
غوجل

fardo de paja
د بوسو گیډی

campo
ځمکه

caballo
اس

remolque
لاس گاډی

tractor
تریکتر

potro
کوچنی اس

burro
خر

oveja
پسه

cordero
وری

cabra

وزه

vaca

غوا

ternero

خوسکی

cerdo

خوگ

cerdito

د خوگ بچی

toro

غویی

ganso

بته

pato

هیلۍ

pollo

چرګوړی

gallina

چرګه

gallo

بانګي

rata

سارای موږک

gato

پیشک

ratón

موږک

buey

غویی

perro

سپی

perrera

د سپي خونه

manguera

د باغ هوز

regadera

د اوبو لوخی

guadaña

لور (داس)

arado

یوی

hoz

لور

azada

رمبی

horca

ښاخی

hacha

تبر

carretilla

کراچی

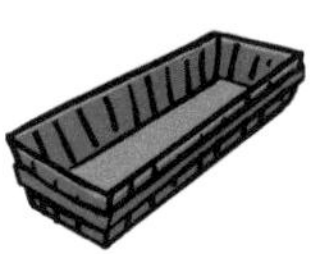

abrevadero

ناوه

lechera

د شیدو لوخی

saco

جوال

valla

کټاره

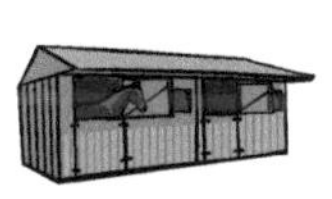

establo

مضبوط

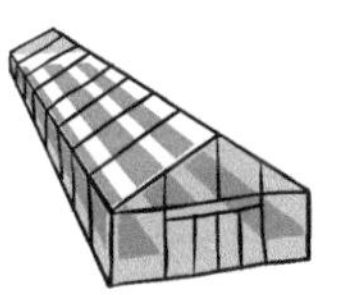

invernadero

شنه خونه

suelo

خاوره

semilla

تخم

fertilizador

سره/کود

cosechadora

کـد ریبونکی ماشین

cosechar

....

زیرمه کول

cosecha

....

درمند

ñame

....

خواړه کچالو

trigo

....

غنم

soja

....

سویا

patata

....

کچالو

maíz

....

جوار

semilla de colza

....

نباتي تخم

árbol frutal

....

د میوې ونه

mandioca

....

مانیوک

cereales

....

غله

casa
کور

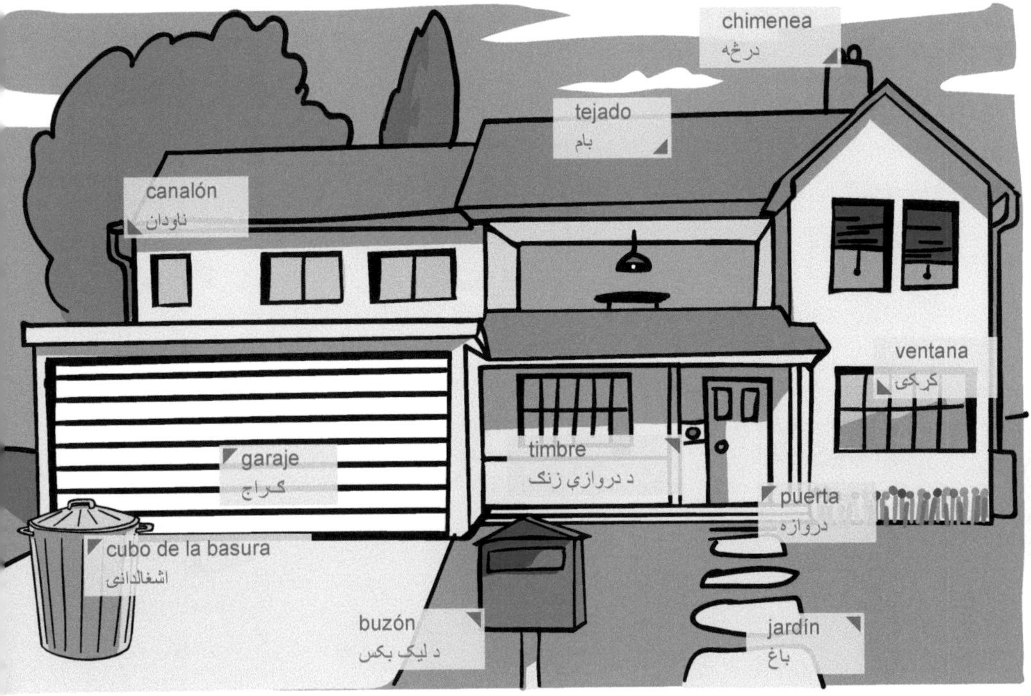
chimenea
درځه
tejado
بام
canalón
ناودان
ventana
کړکۍ
garaje
ګراج
timbre
د دروازې زنګ
puerta
دروازه
cubo de la basura
اشغالدانی
buzón
د لیک بکس
jardín
باغ

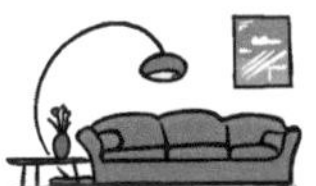

sala

د اوسیدو خونه

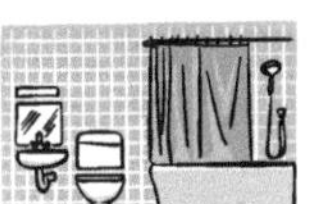

cuarto de baño

حمام

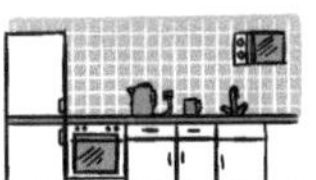

cocina

پخلنځی

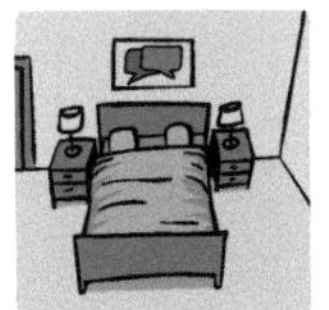

dormitorio

د ویده کیدو خونه

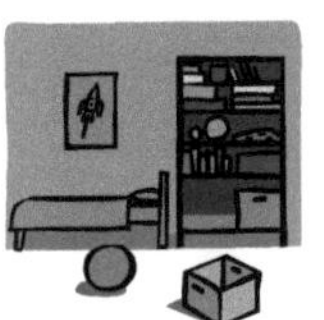

habitación de los niños

د ماشوم خونه

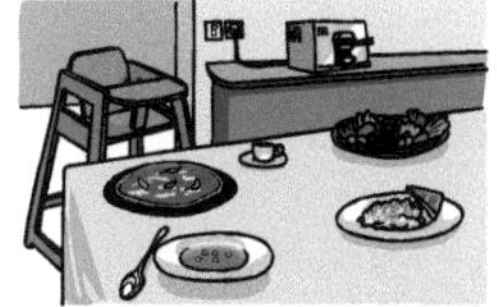

comedor

د خوړو خونه

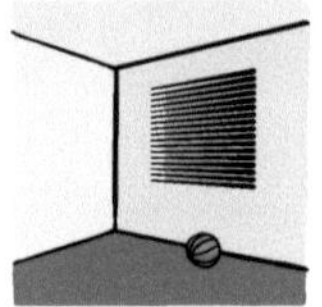

suelo

فرش

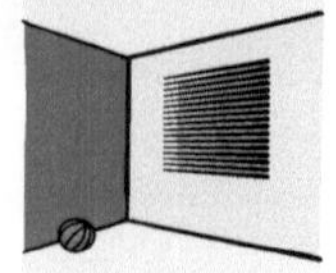

pared

ديوال

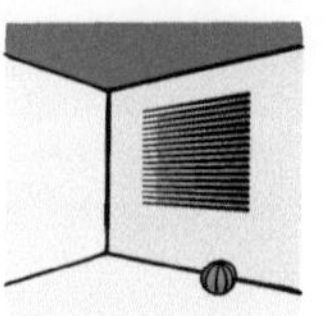

techo

چت

sótano

زيرخانه

sauna

سونا

balcón

بالكوني

terraza

ټراس

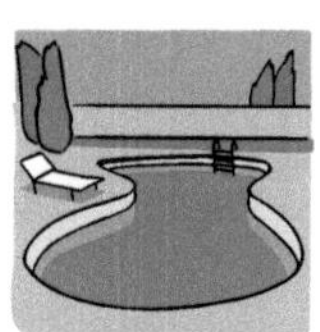

piscina

حوض

cortacésped

د چمن وهلو ماشين

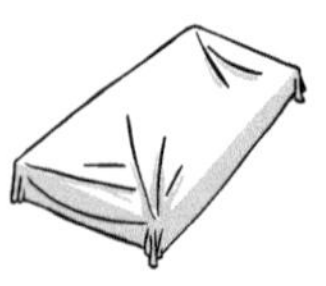

sábana

شيټ

colcha

روجايی

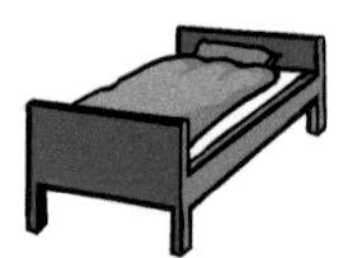

cama

تخت

escoba

جارو

balde

بوکه

interruptor

سويچ

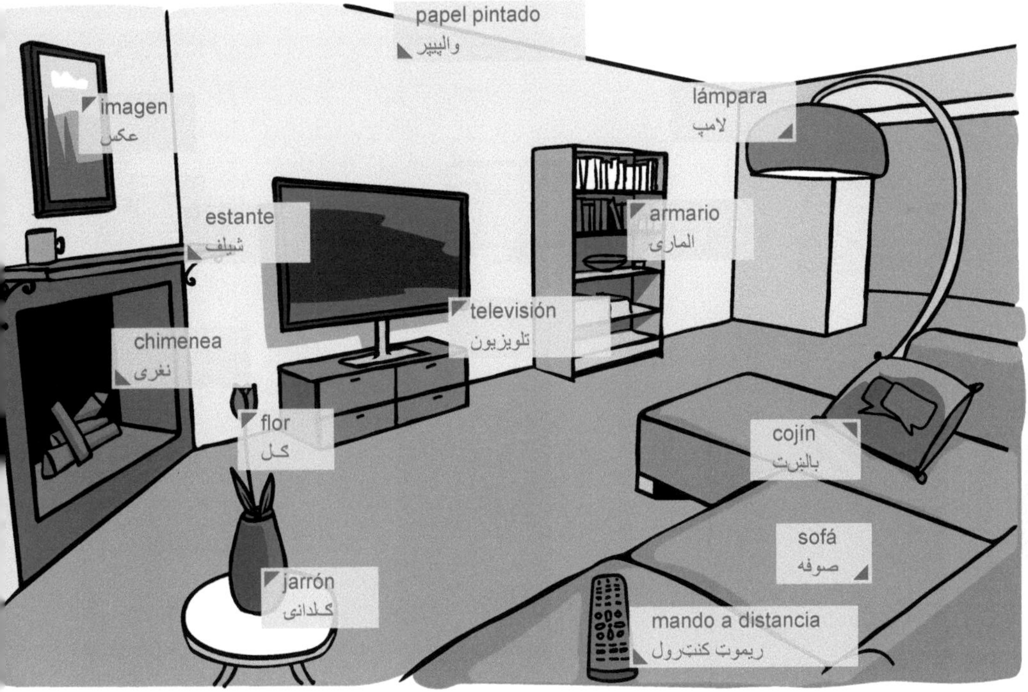

sala

د اوسیدو خونه

papel pintado
والپیپر

imagen
عکس

lámpara
لامپ

estante
شیلف

armario
الماری

televisión
تلویزیون

chimenea
نغری

flor
ګل

cojín
بالښت

sofá
صوفه

jarrón
ګلدانی

mando a distancia
ریموټ کنټرول

alfombra

غالی

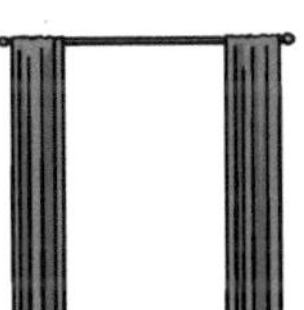

cortina

پرده

mesa

میز

silla

چوکی

mecedora

تاویدونکي چوکی

butaca

بازو لرونکی چوکی

libro

کتاب

manta

کمپل

decoración

ډیکوریشن

leña

د اور لرګـي

película

فلم

equipo de música

هایـفای

llave

کلي

periódico

ورځپاڼه

pintura

نقاشي

póster

پوسټـر

radio

راډیو

cuaderno

کتابچه

aspiradora

واکیوم جارو

cactus

کاکتوس

vela

شمع

cocina
پخلنځی

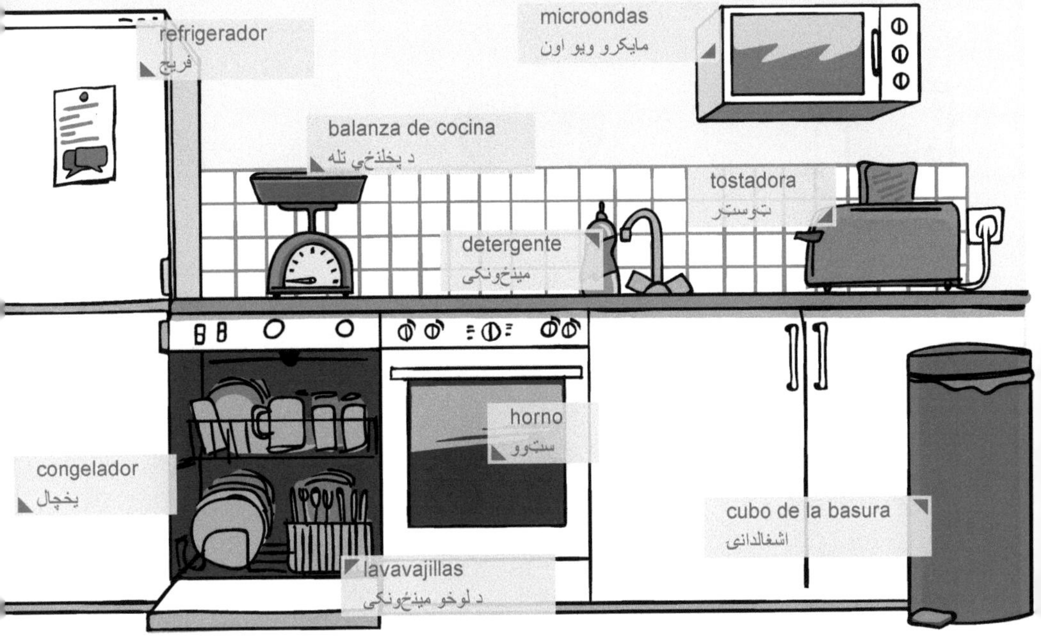

refrigerador
فریج

microondas
مایکرو ویو اون

balanza de cocina
د پخلنځي تله

tostadora
ټوسټر

detergente
مینځونکی

horno
سټوو

congelador
یخچال

cubo de la basura
اشغالدانی

lavavajillas
د لوخو مینځونکی

olla a presión

ديگ بخار

olla

لوخی

olla de hierro fundido

چدني لوخی

wok / karahi

ووک

cazuela

د تلي په

hervidor

چای جوش

vaporera

د بخار دیګ

chapa de horno

پتنوس

vajilla

لوخي

taza

مګ

tazón

کاسه

palillos

د رانیولو اوزار

cucharón

څمڅۍ

espumadera

کفګیر

batidor

پاکونکی

colador

صافي

cedazo

غلبیل

rallador

ګریتر

mortero

اونګ

barbacoa

بار بي کیو

hoguera

خلاص اور

tabla de picar

تخته

rodillo

هوارونکی

sacacorchos

کارک سکریو

lata

ټیم

abrelatas

د ټیم خلاصونکی

agarrador

د لوخي ټوټه

lavabo

ظرف شوی

cepillo

برس

esponja

سپنج

batidora

بلینډر

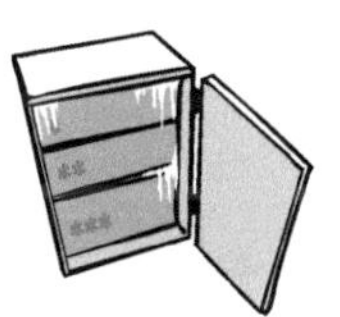

congelador

ژور یخچال

biberón

د ماشوم بوتل

grifo

نل

cuarto de baño

حمام

calefacción
تودول

ducha
شاور

toalla
جان پاک

cortina de la ducha
د شاور پرده

baño de espuma
بیل حمام

bañera
د حمام ټب

vaso
ګلاس

lavadora
د مینځلو مشین

grifo
نل

baldosas
ټایلونه

orinal
یو ډول کمود

lavabo
ظرف شوی

inodoro
تشناب

inodoro rústico

فرشي کمود

bidé
کمود

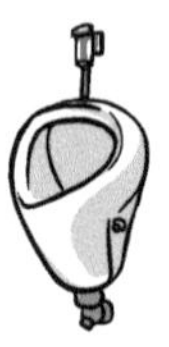

urinario
د متیازو ځای

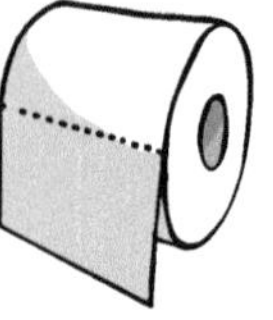

papel higiénico
تشناب کاغذ

escobilla del váter
د تشناب برس

cepillo de dientes
د غاښونو برس

pasta de dientes
د غاښونو کریم

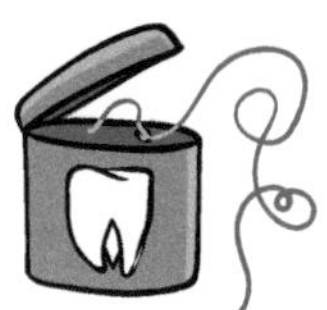

hilo dental
د غاښونو نخ

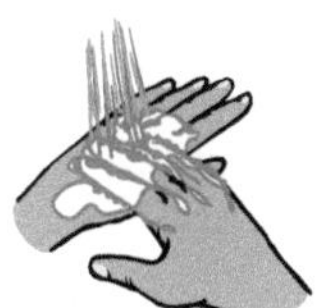
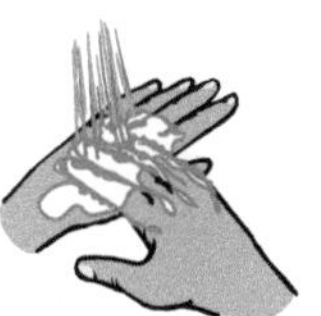

lavar
مینځل

ducha de mano
لاسي شاور

ducha íntima
دوش

pila
خانک

cepillo de espalda
د شا برس

jabón
صابون

gel de ducha
د شاور ژل

champú
شامپو

toallita
فلانل جامه

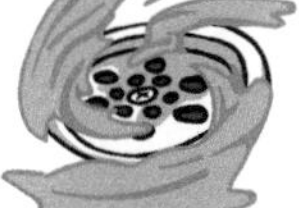

desagüe
وچول

crema
کریم

desodorante
سپری

espejo

آینه

espejo de tocador

لاسي آینه

maquinilla de afeitar

ریزر

espuma de afeitar

د خریلو فوم

loción postafeitado

د خریلو وروسته

peine

ګمنځ

cepillo

برس

secador

د ویښتانو وچونکی

laca

د ویښتانو سپری

maquillaje

میک اپ

pintalabios

لیپ سټیک

pintauñas

د نوکانو پالش

algodón

کاټن وری

cortauñas

ناخن ګیر

perfume

عطر

estuche de viaje

د مینځلو کڅوړه

banqueta

سټول

balanza

د وزن کولو تله

albornoz

د حمام پوښاک

guantes de goma

د ربړ دستکش

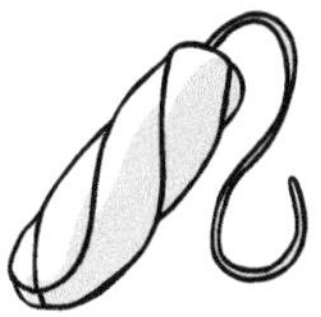

tampón

ټامپون

compresa

صحیی جان پاک

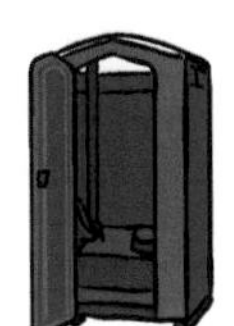

inodoro químico

کیمیکل تشناب

habitación de los niños

د ماشوم خونه

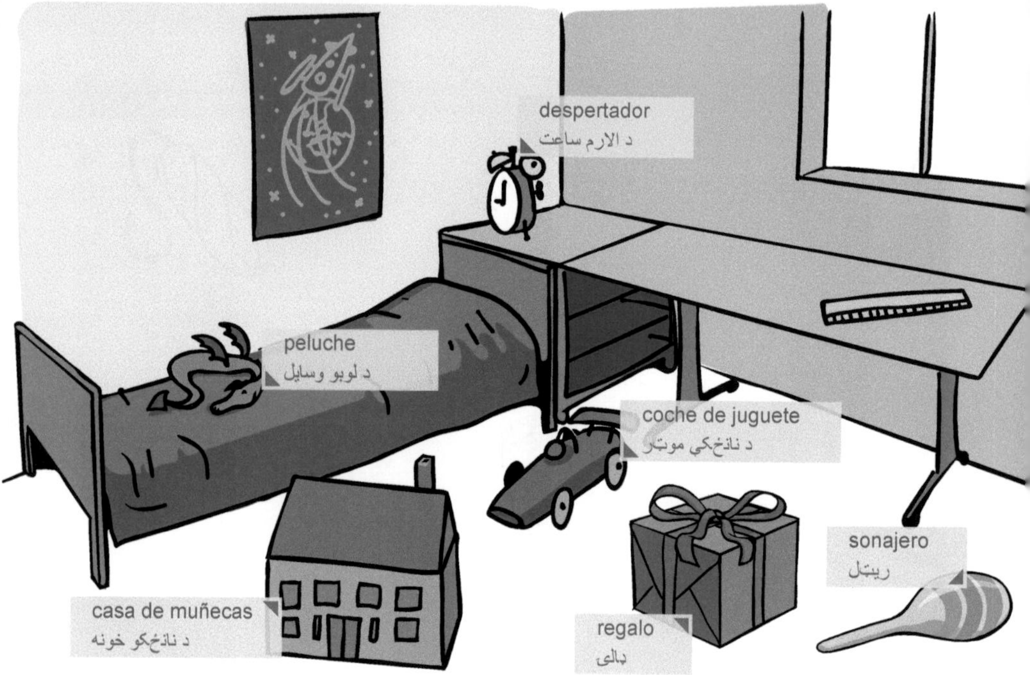

despertador
د الارم ساعت

peluche
د لوبو وسایل

coche de juguete
د نانځکي موټر

sonajero
ريټل

casa de muñecas
د نانځکو خونه

regalo
ډالۍ

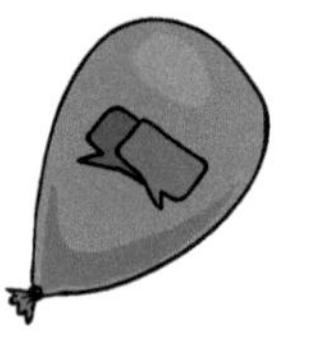

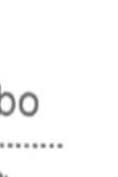

globo
بالون

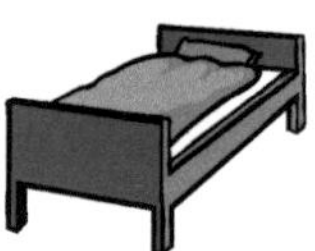

cama
تخت

coche de niño
کالسکه

naipes
د لوبو ورقې

puzle
جيګسا

tebeo
مسخره

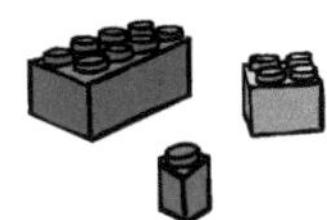

piezas de lego

ليګو بريک

bloques de juguete

د نانځکو بلاک

figura de acción

د اکشن فيګور

bodi (de bebé)

د ماشوم پوښاک

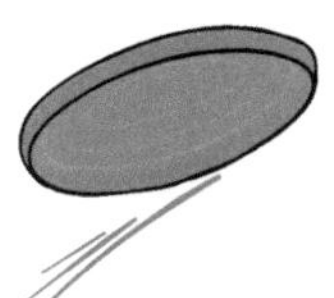

frisbee

فريزبي

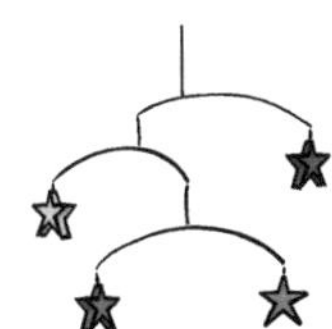

colgador móvil para bebés

موبايل

juego de mesa

بورډ لوبه

dados

تاس

circuito de tren eléctrico

ماډل ريل سيټ

maniquí

ګونګشی

fiesta

پارټي

álbum de fotos

د عکسونو البوم

pelota

بال

muñeca

نانځکه

jugar

لوبيدل

cajón de arena

د شګو کنده

columpio

سوینګ

juguetes

نانځکي

videoconsola

د ویډیو لوبو کنسول

triciclo

ټرای سایکل

oso de peluche

ګوډکه

guardarropa

د کالو الماری

ropa
پوښاک

calcetines

جرابې

medias

لوړې جرابې

leotardos

ټایټس

sandalias
سینډل

zapatos
بوټان

botas de goma
د ربړ بوټان

slip
زیرنیکري

sostén
سینه بند

chaleco
واسکټ

bodi

بادي

pantalones

پتلون

vaqueros

جينز

falda

لمن

blusa

بلاوز

camisa

شرټ

jersey

بنيان

suéter

سويټر

blazer

بليزر

chaqueta

جاکټ

abrigo

کوټ

gabardina

د باران کوټ

traje

پوښاک

vestido

کالي

vestido de novia

د واده پوښاک

traje

دريشي

camisón

د شپې پوښاک

pijama

پاجامه

sari

ساړي

bandana

لوپټه

turbante

پټکی

burka

برقه

caftán

کفتن

abaya

عبا

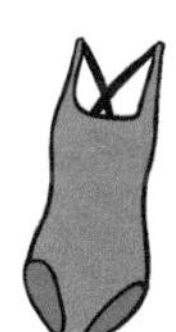

traje de baño

د لامبو پوښاک

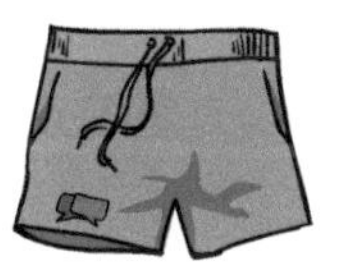

bañador

نیکر

pantalones cortos

شارټ

chándal

د ځغاستي پوښاک

delantal

پیش بند

guantes

دستکش

botón

بټن

gafas

عینک

brazalete

لاس بند

collar

غاړه کی

anillo

ګوتمه

pendiente

غوږوالی

gorra

خولی

percha

کوټ بند

sombrero

خولی

corbata

ټایی

cremallera

ځنځیر

casco

هیلمیټ

tirantes

تړونکی

uniforme escolar

د ښوونځي یونیفارم

uniforme

یونیفارم

babero

بیب

maniquí

ګونګشی

pañal

نیپي

oficina

دفتر

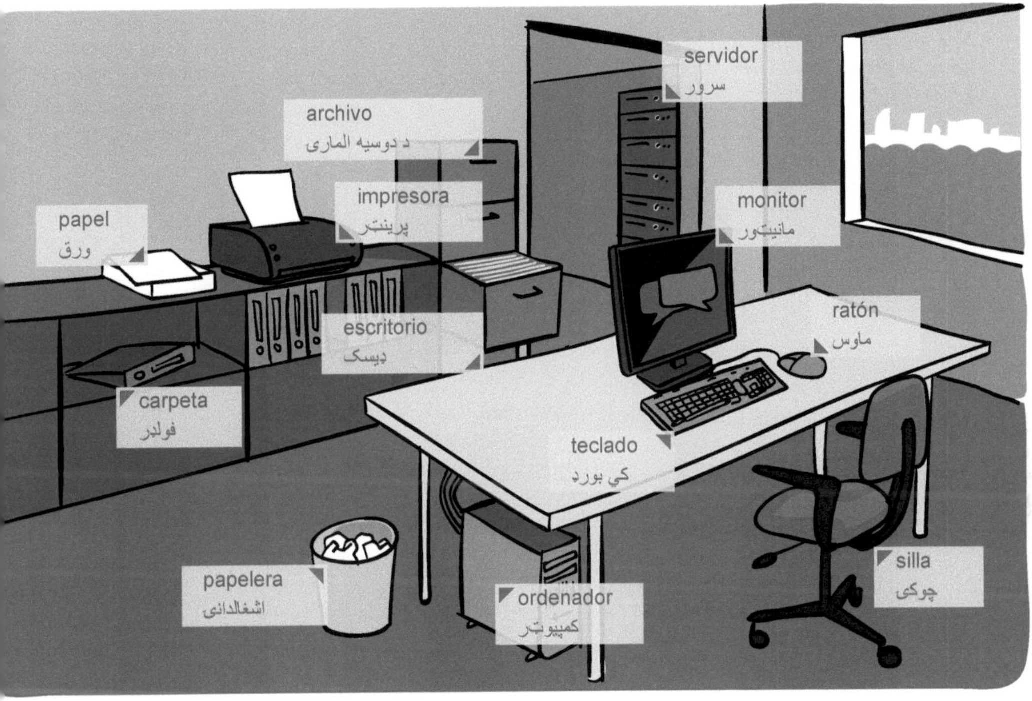

servidor
سرور

archivo
د دوسیه الماری

impresora
پرینټر

monitor
مانیټور

papel
ورق

ratón
ماوس

escritorio
ډیسک

carpeta
فولډر

teclado
کي بورډ

papelera
اشغالدانی

ordenador
کمپیوټر

silla
چوکی

taza de café

د کافي پیاله

calculadora

کالکولیټر

internet

انټرنیټ

portátil

لپ تاپ

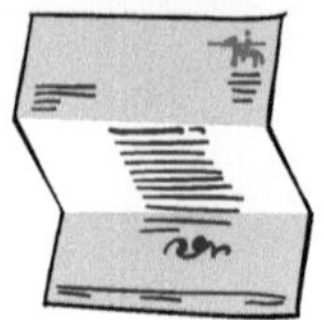

carta

لیک

mensaje

پیغام

móvil

موبایل

red

نیټورک

fotocopiadora

فوټوکاپیر

software

سافټویر

teléfono

تلیفون

toma de corriente

پلک ساکټ

fax

فکس مشین

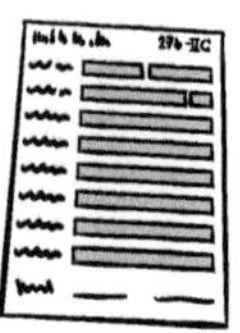

formulario

فارم

documento

سند

economía

اقتصاد

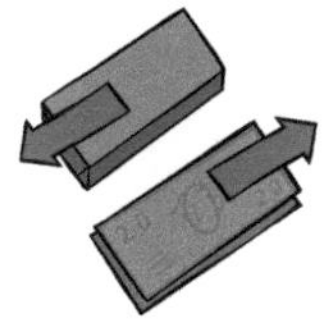

comprar

پیرل

pagar

تادیه کول

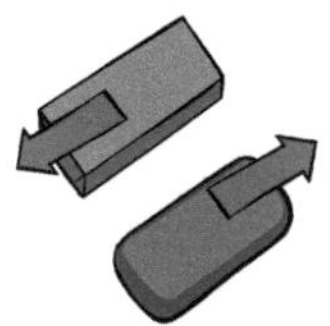

comerciar

سوداګري کول

dinero

پیسې

dólar

ډالر

euro

یورو

yen

ین

rublo

ربل

franco suizo

سویسي فرانک

renminbi yuan

رینمینبي یوان

rupia

روپۍ

cajero automático

د نغدي پیسو ځای

oficina de cambio de divisas

د اسعارو د تبادلي دفتر

oro

سره زر

plata

سپين زر

petróleo

تيل

energía

انرژي

precio

نرخ

contrato

قرارداد

impuesto

ماليه

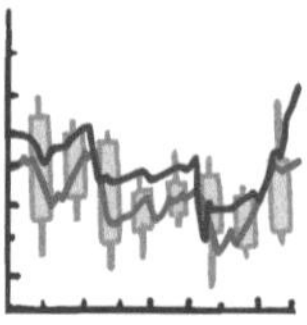

acción

اسهام

trabajar

کار کول

empleado

کارمند

empleador

کار گومارونکی

fábrica

فابريکه

tienda

پلورنځی

oficios
مسلکونه

agente de policía
د پولیسو افسر

bombero
د اطفایه غړی

cocinero
آشپز

médico
ډاکټر

piloto
پیلوټ

jardinero

باغوان

carpintero

نجار

costurera

خیاط

juez

قاضي

farmacéutico

کیمیا پوه

actor

د فلم لوبغاړی

conductor de autobús
....
د بس ډرایور

taxista
....
د ټېکسي ډرایور

pescador
....
کب نیونکی

señora de la limpieza
....
خدمه

techador
....
بام جوړونکی

camarero
....
پیشخدمت

cazador
....
ښکاري

pintor
....
نقاش

panadero
....
نانوا

electricista
....
د برېښنا کارکونکی

obrero
....
تعمیر جوړونکی

ingeniero
....
انجنیر

carnicero
....
قصاب

fontanero
....
نلدوان

cartero
....
پوست رسونکی

soldado

....

سرتیری

arquitecto

....

مهندس

cajero

....

صراف

florista

....

مالیار

peluquero

....

نایی

revisor

....

کلینډر

mecánico

....

میکانیک

capitán

....

کپتان

dentista

....

د غاښونو ډاکټر

científico

....

ساینس پوه

rabino

....

ښاغلی

imán

....

امام

monje

....

مذهبي نفر

sacerdote

....

پادري

herramientas

لوازم

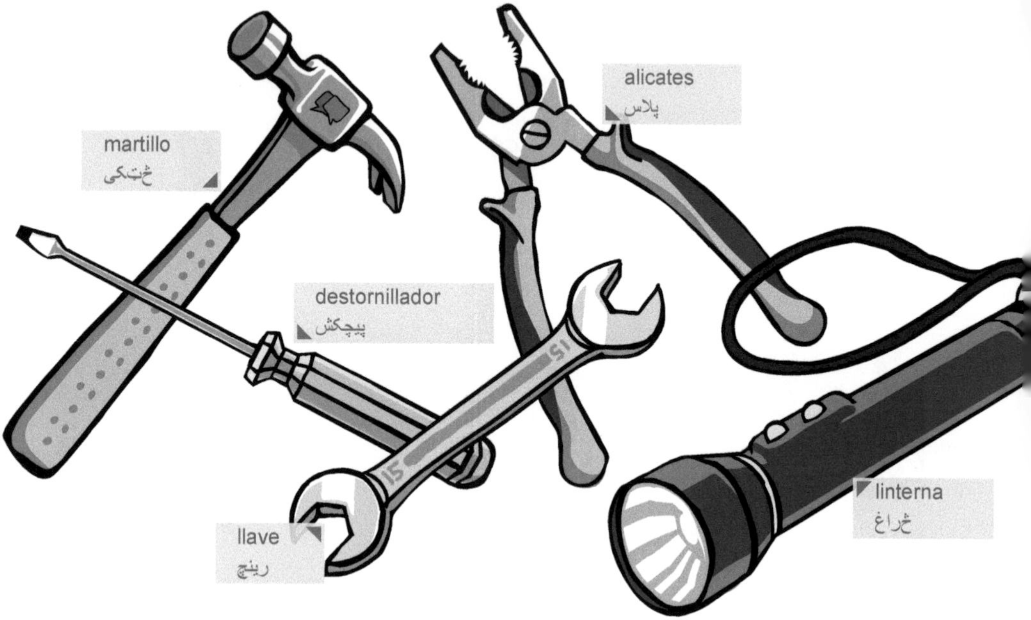

alicates
پلاس

martillo
څټکی

destornillador
پیچکش

llave
رینچ

linterna
څراغ

excavadora

کنستونکی

caja de herramientas

د لوازمو بکس

escalera de mano

زینه

sierra

اره

clavos

میخونه

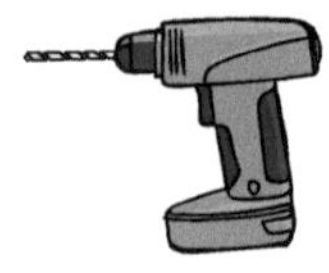

taladro

برمه

reparar

ترميم کول

pala

بيل

¡Maldita sea!

لعنت!

recogedor

خاک انداز

bote de pintura

مشواڼی

tornillos

پيچونه

instrumentos musicales

د ميوزيک آلات

altavoz
لاوډ سپيکر

batería
ډرم سيټ

guitarra
ګيتار

contrabajo
کنټرباس

trompeta
ټرومپيټ

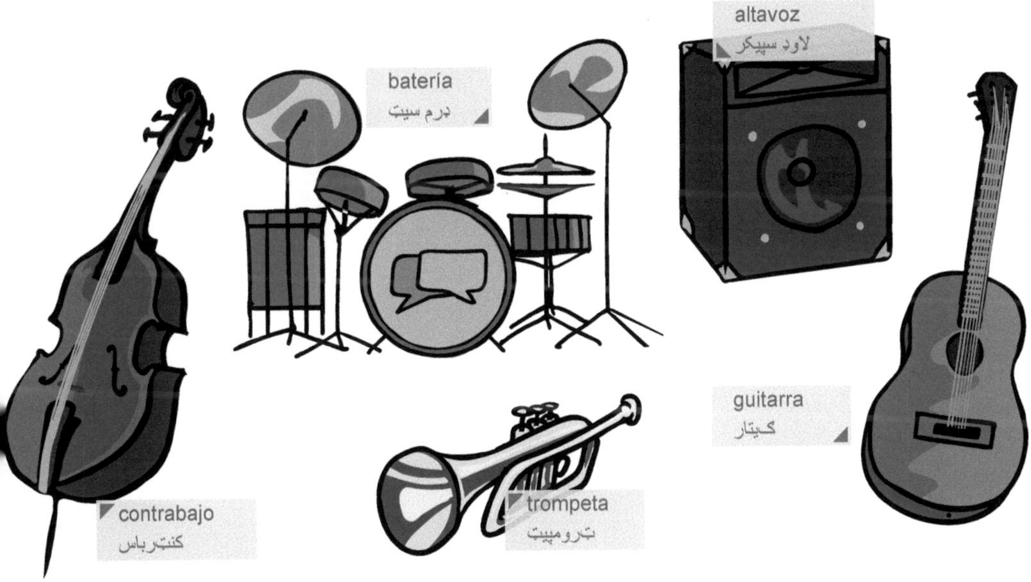

piano

پيانو

violín

وايلن

bajo

باس

timbales

نغاره

tambor

ډرمونه

teclado

کي بورډ

saxofón

سيکسافون

flauta

شپېلۍ

micrófono

مايکروفون

ZOO

ژوبڼ

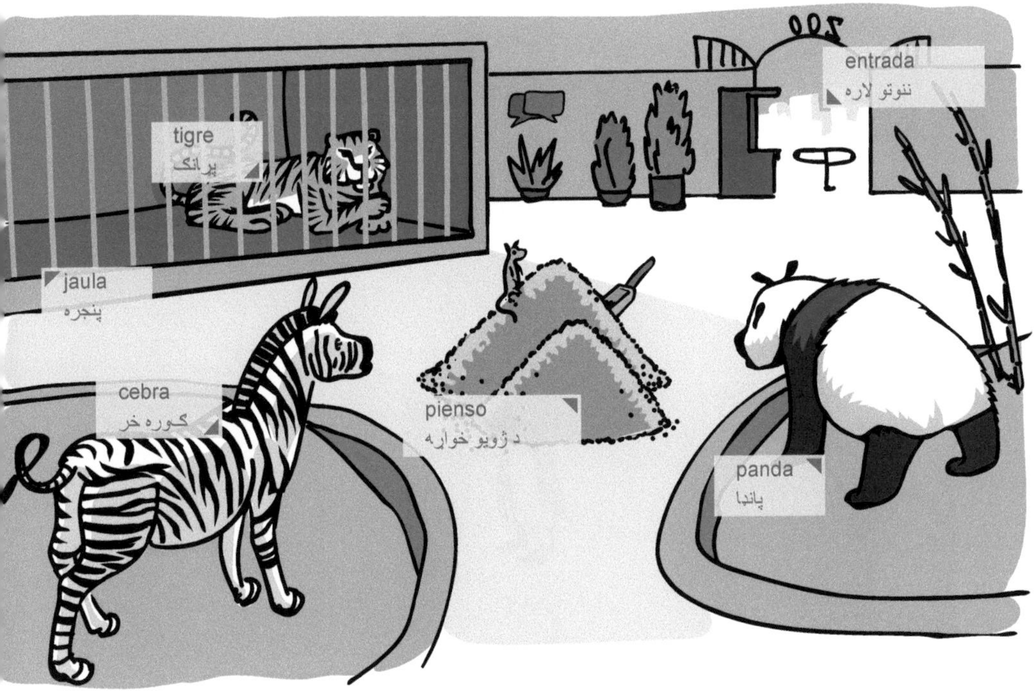

entrada
ننوتو لاره
tigre
پړانګ
jaula
پنجره
cebra
ګوره خر
pienso
د ژويو خواړه
panda
پانډا

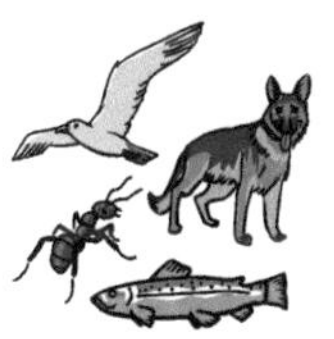

animales

ژوی

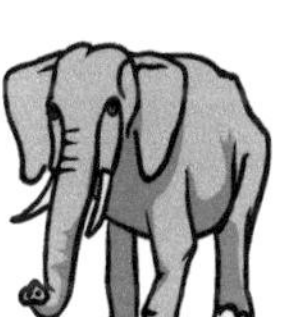

elefante

هاتي

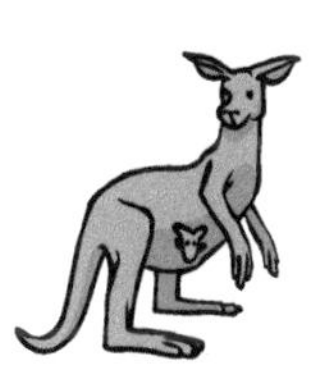

canguro

کنګرو

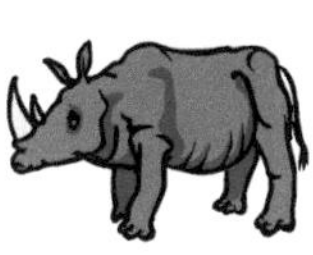

rinoceronte

د اوبو اسپ

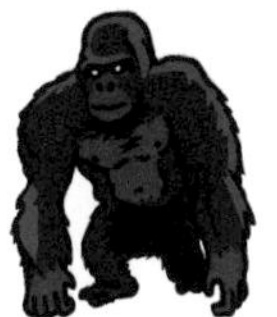

gorila

ګوريلا

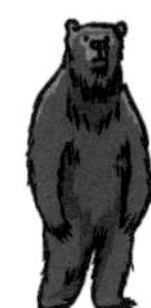

oso

ايږه

camello

اوښ

avestruz

شترمرغ

león

زمری

mono

بيزو

flamingo

غزی

loro

طوطي

oso polar

قطبي ايږه

pingüino

پينګوين

tiburón

شارک

pavo real

طاوس

serpiente

مار

cocodrilo

تمساح

guardián de zoológico

ژوبڼ ساتونکی

foca

سيل

jaguar

جګوار

poni

يابو

leopardo

پړانګ

hipopótamo

هيپو

jirafa

زرافه

águila

باز

jabalí

نرخوګ

pescado

کب

tortuga

شمشتی

morsa

سمندري نولی

zorro

ګیدړه

gacela

هوسۍ

deportes

ورزش

actividades

فعاليتونه

reír
خندل

saltar
ټوپ وهل

abrazar
غاړه ورکول

caminar
ګرځيدل

cantar
سندري ويل

soñar
خوب ليدل

rezar
عبادت کول

besar
مچو کول

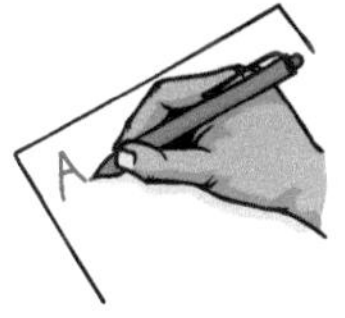

escribir
ليکل

dibujar
کښل

mostrar
ښودل

empujar
ټيله کول

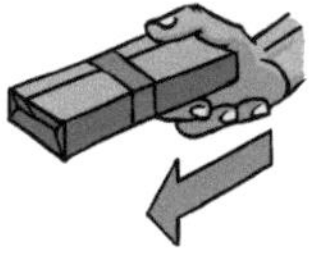

dar
ورکول

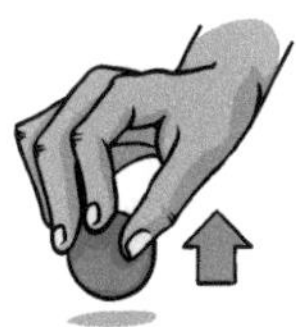

tomar
اخيستل

tener
....
درلودل

hacer
....
کول

ser
....
پاییدل

estar de pie
....
ودریدل

correr
....
منډې وهل

tirar
....
راکښل

tirar
....
گوزارل

caer
....
لویدل

yacer
....
څملاستل

esperar
....
انتظار کول

llevar
....
وړل

estar sentado
....
کښیناستل

vestirse
....
پوښاک اغوستل

dormir
....
ویده کیدل

despertar
....
پاڅیدل

mirar

کتل

llorar

ژړل

acariciar

برید کول

peinar

ګمنځ کول

hablar

خبرې کول

entender

پوهیدل

preguntar

غوښتل

escuchar

اوریدل

beber

څښل

comer

خوړل

ordenar

پاکول

amar

مینه کول

cocinar

پخلی کول

conducir

موټر چلول

volar

الوتل

navegar

بیړۍ چلول

calcular

حساب

leer

لوستل

aprender

زده کول

trabajar

کار کول

casarse

واده کول

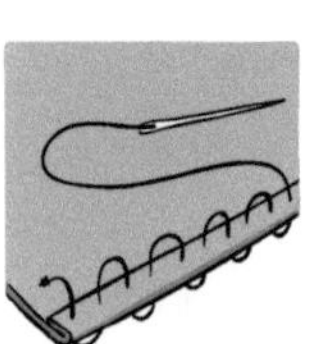

coser

ګنډل

cepillarse los dientes

د غاښونو برس کول

matar

وژل

fumar

سګرټ څښل

enviar

لېږل

familia
کورنۍ

abuela
نیا

abuelo
نیکه

padre
پلار

madre
مور

bebé
ماشوم

hija
لور

hijo
زوی

invitado
....
میلمه

tía
....
ترور

tío
....
کاکا/ماما

hermano
....
ورور

hermana
....
خور

cuerpo

بدن

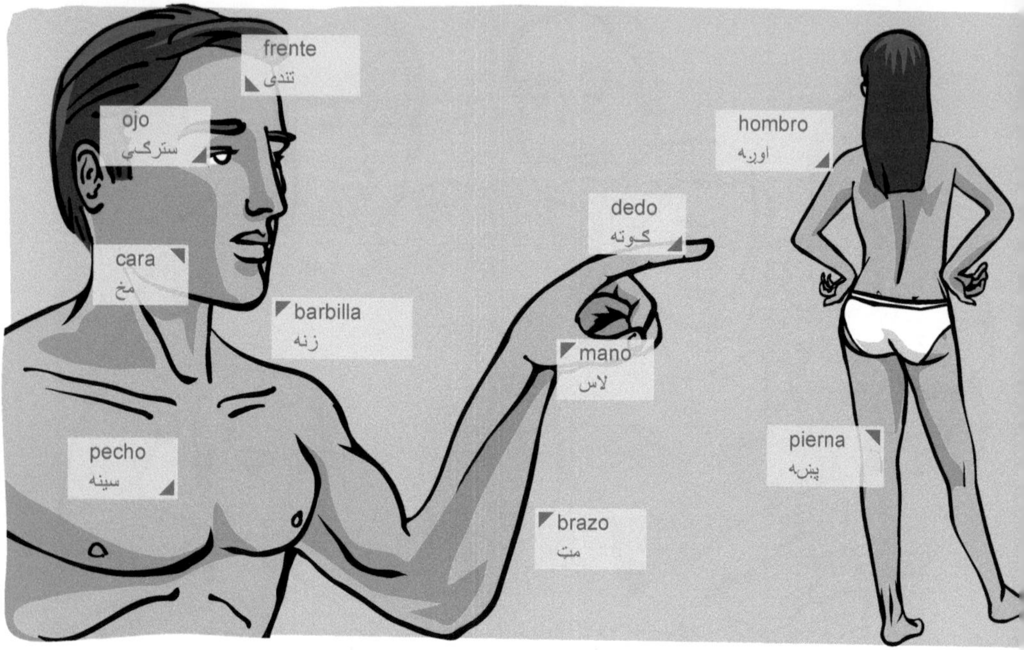

frente
تندی

ojo
سترګې

cara
مخ

barbilla
زنه

pecho
سینه

dedo
ګوته

mano
لاس

brazo
مټ

hombro
اوږه

pierna
پښه

bebé

ماشوم

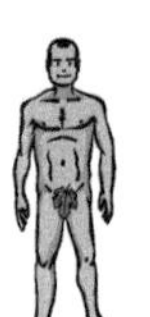

hombre

سړی

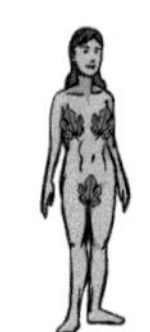

mujer

ښځه

chica

انجلۍ

chico

هلک

cabeza

سر

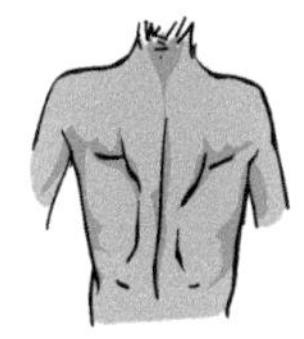

espalda

شا

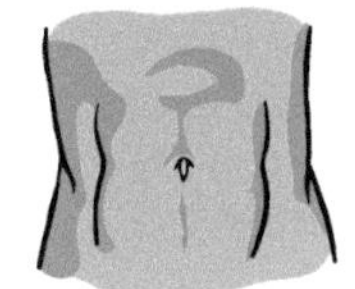

vientre

خیټه

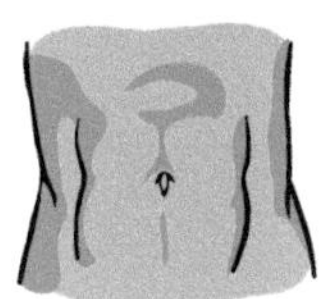

ombligo

نوم

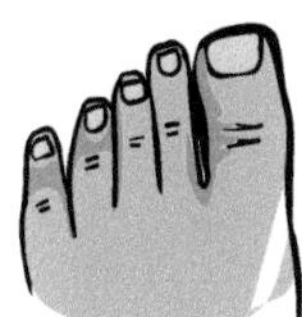

dedo del pie

د پښې ګوته

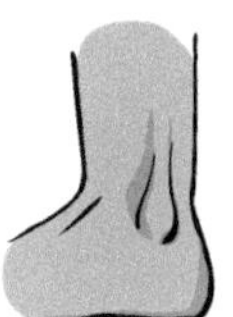

talón

پونده

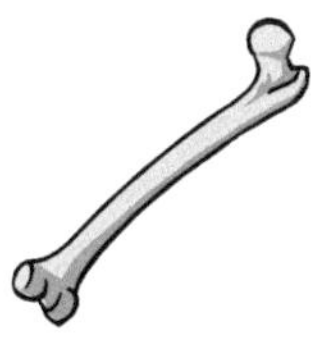

hueso

هډوکی

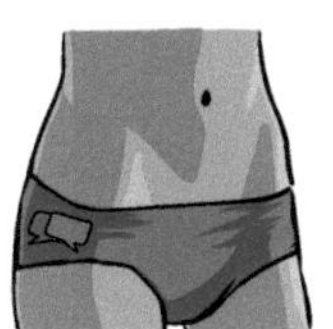

cadera

کوناټی

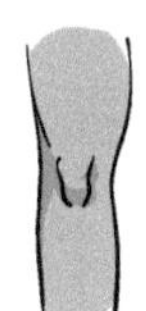

rodilla

زنګون

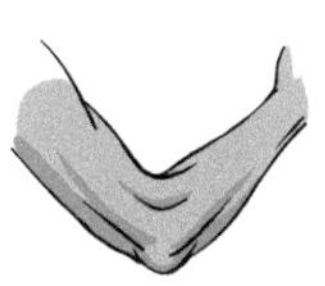

codo

څنګل

nariz

پوزه

trasero

لاندي برخه

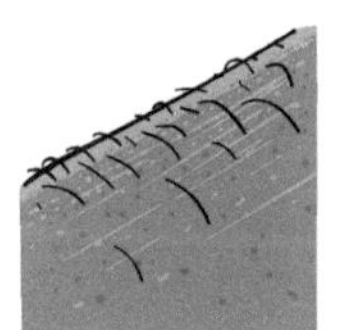

piel

پوټکی

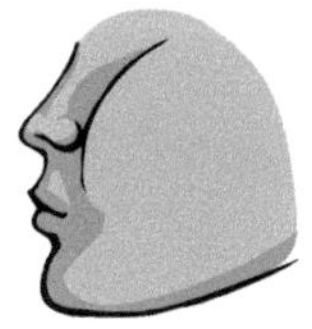

mejilla

غومبوری

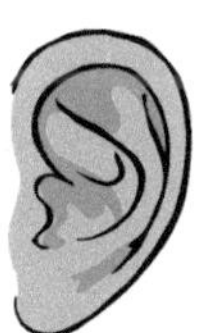

oído

غوږ

labio

شونډه

boca

خوله

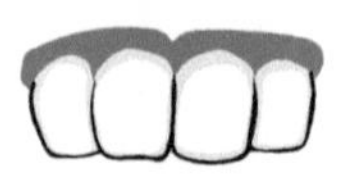

diente

غاښ

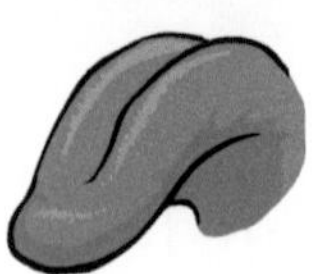

lengua

ژبه

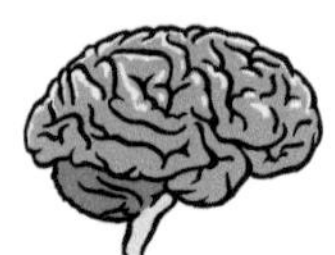

cerebro

مغز

corazón

زړه

músculo

عضله

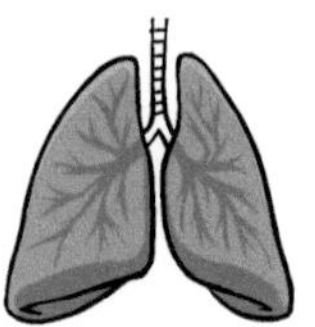

pulmón

سږی

hígado

ځيګر

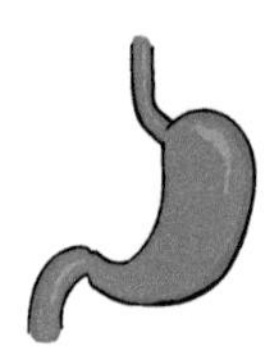

estómago

معده

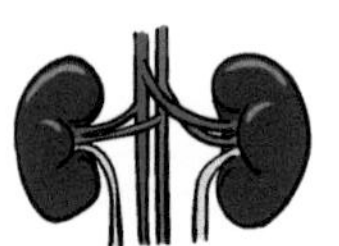

riñones

پښتورګي

sexo

جنسي نږدي والی

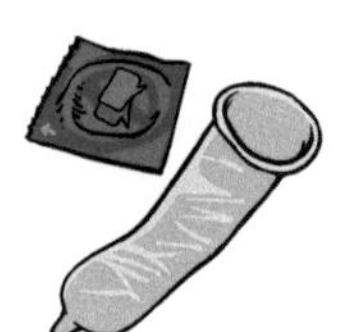

condón

کاندوم

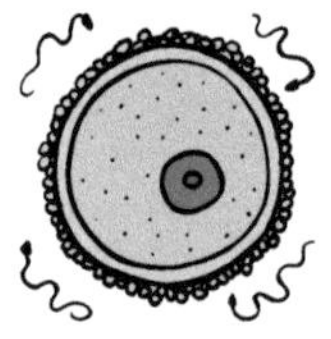

ovario

تخمه

semen

مني

embarazo

حمل

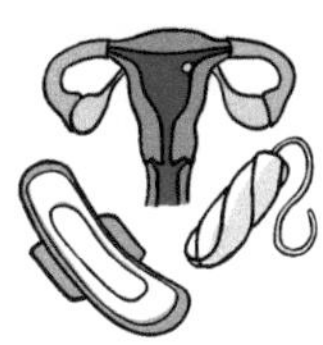

menstruación

حیض

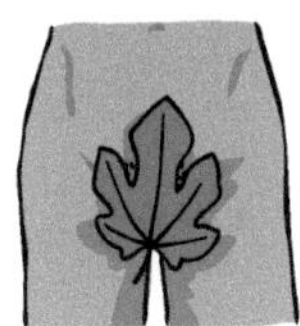

vagina

مهبل

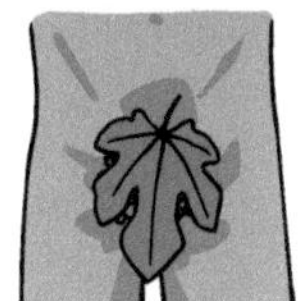

pene

د نارینه تناسلي آله

ceja

وروځی

pelo

ویښته

cuello

غاړه

hospital

روغتون

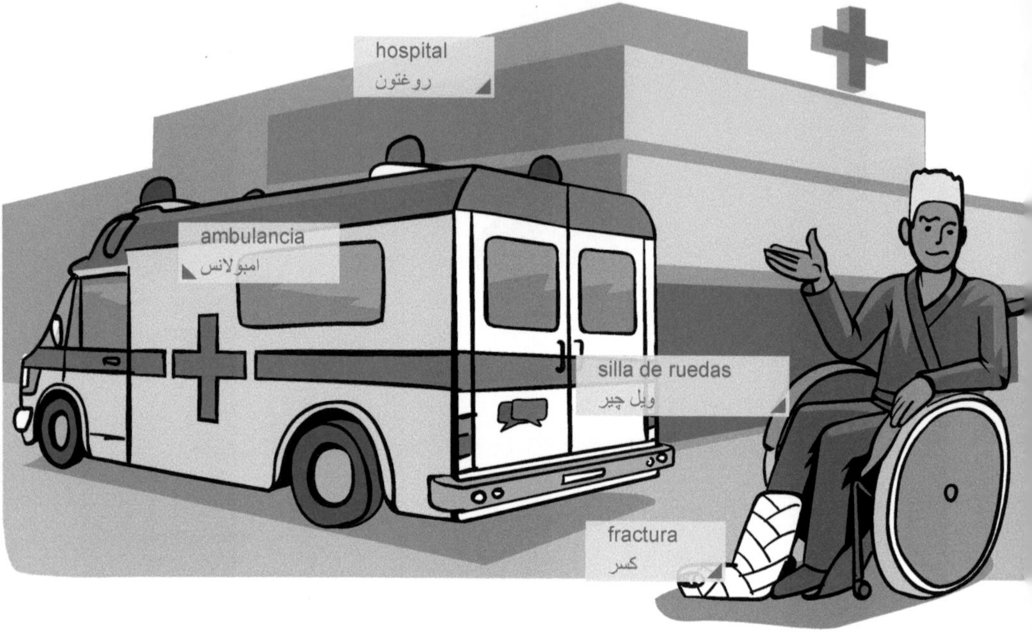

hospital
روغتون

ambulancia
امبولانس

silla de ruedas
ويل چير

fractura
کسر

médico

ډاکټر

sala de urgencias

عاجل خونه

enfermera

رنځورپال

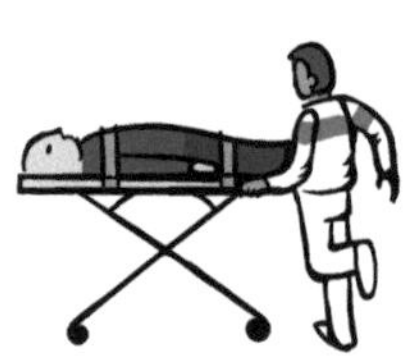

urgencia

عاجل

inconsciente

بې هوش

dolor

درد

lesión

ټپ

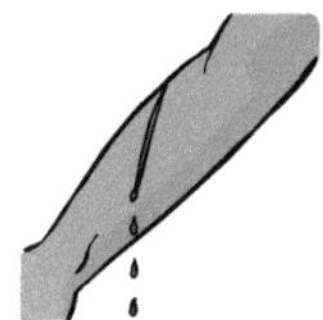

hemorragia

وينه تويدل

infarto

د زړه حمله

ictus

ضرب

alergia

حساسیت

tos

ټوخی

fiebre

تبه

gripe

انفلوينزا

diarrea

نس ناستی

dolor de cabeza

سر درد

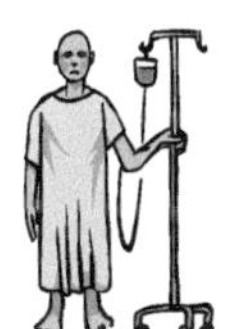

cáncer

سرطان

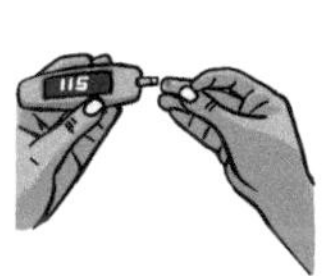

diabetes

شکر

cirujano

جراح

bisturí

سکالپل

operación

عملیات

TAC
....
سيټي

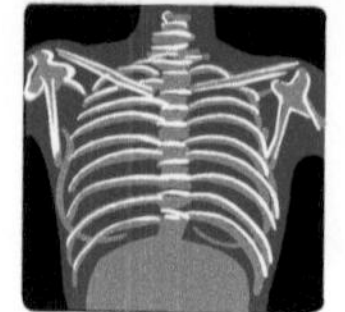

rayos x
....
ايکس ری

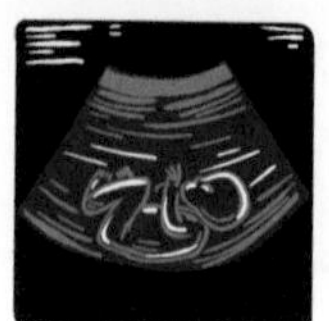

ultrasonido
....
الټراساونډ

mascarilla
....
د مخ ماسک

enfermedad
....
ناروغي

sala de espera
....
انتظار خونه

muleta
....
امسآ

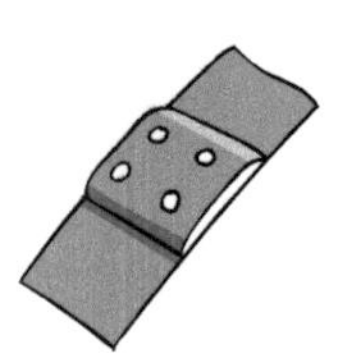

tirita
....
پلستر

venda
....
بنداژ

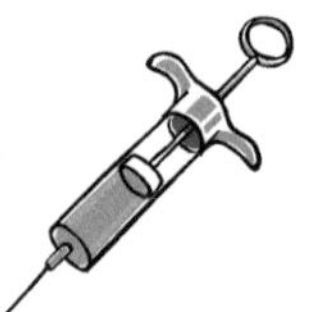

inyección
....
تزريق

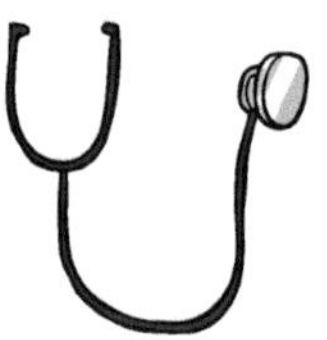

estetoscopio
....
ستاتسکوپ

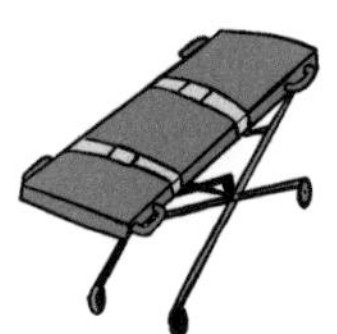

camilla
....
تسکيره

termómetro
....
کلينکي ترماميټر

nacimiento
....
زيږون

sobrepeso
....
زيات وزن

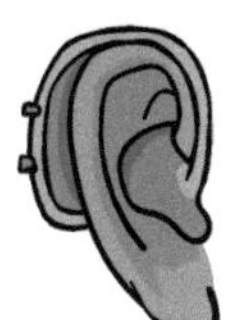

audífono

د اوريدو مرسته

desinfectante

د عفونيت ځخه پاكونكي مواد

infección

عفونيت

virus

ويروس

VIH / SIDA

ايچ.آی.وی/ايډز

medicina

درمل

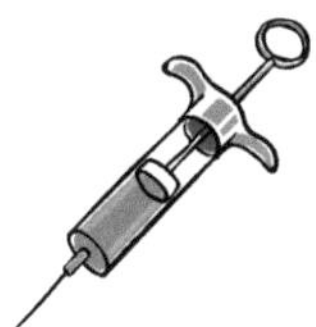

vacunación

واكسين

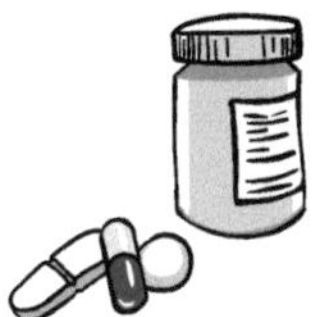

tabletas

ټابليټس

pastilla

ګولی

llamada de urgencia

عاجل تليفون

tensiómetro

دويني د فشار څارونکی

enfermo / sano

ناروغ/روغ

urgencia

عاجل

¡Socorro!

مرسته!

alarma

الارم

asalto

یرغل

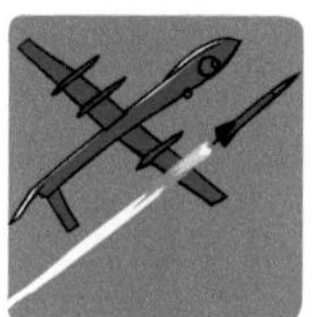

ataque

برید

peligro

خطر

salida de emergencia

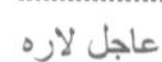

عاجل لاره

¡Fuego!

اور!

extintor de incendios

د اور وژونکی

accidente

پیښه

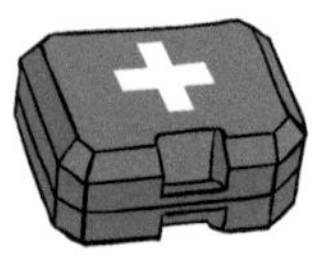

botiquín de primeros auxilios

د لومړی مرستې لوازم

SOS

ایس.او.ایس

policía

پولیس

Europa
....
اروپا

Norteamérica
....
شمالي امريکا

Sudamérica
....
سهيلي امريکا

África
....
افريقا

Asia
....
آسيا

Australia
....
آستريليا

Atlántico
....
اتلانتيک

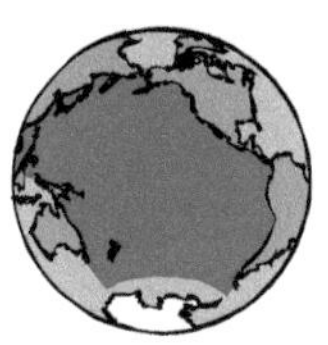

Pacífico
....
پاسيفيک

Océano Índico
....
د هند بحر

Océano Antártico
....
جنوبي منجمد بحر

Océano Ártico
....
د شمال قطب بحر

polo norte
....
شمالي قطب

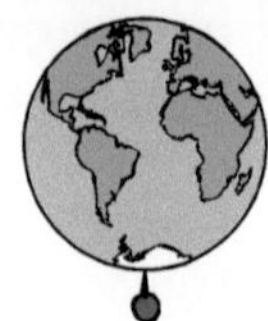

polo sur

سهيلي قطب

Antártida

انټارکټيکا

tierra

ځمکه

tierra

ځمکه

mar

بحر

isla

ټاپو

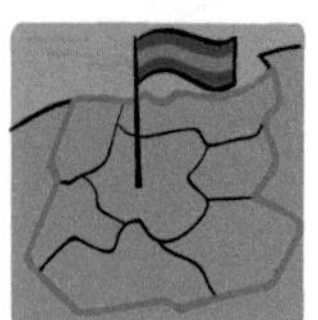

nación

ملت

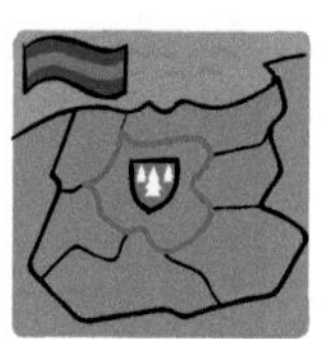

estado

دولت

hora(s)

ساعت

esfera

د مخي ساعت

manecilla de las horas

د ساعت ستنه

minutero

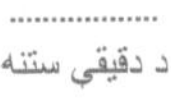

د دقيقي ستنه

segundero

د ثانيې ستنه

¿Qué hora es?

څه وخت دی؟

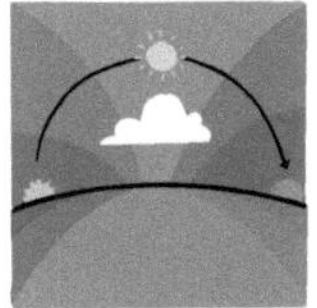

día

ورځ

tiempo

وخت

ahora

اوس

reloj digital

ډيجيټل ساعت

minuto

دقيقه

hora

ساعت

semana

اونۍ

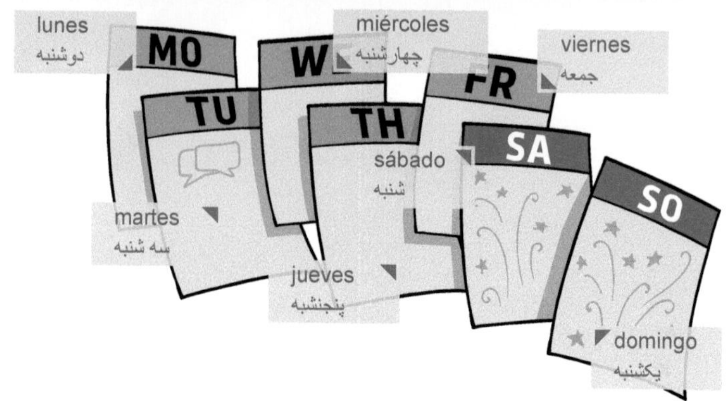

ayer

پرون

hoy

نن

mañana

سبا

mañana

سهار

mediodía

غرمه

tarde

ماښام

MO	TU	WE	TH	FR	SA	SU
1	2	3	4	5	6	7
8	9	10	11	12	13	14
15	16	17	18	19	20	21
22	23	24	25	26	27	28
29	30	31	1	2	3	4

días laborables

کاري ورځې

MO	TU	WE	TH	FR	SA	SU
1	2	3	4	5	6	7
8	9	10	11	12	13	14
15	16	17	18	19	20	21
22	23	24	25	26	27	28
29	30	31	1	2	3	4

fin de semana

د اونۍ پای

año
کال

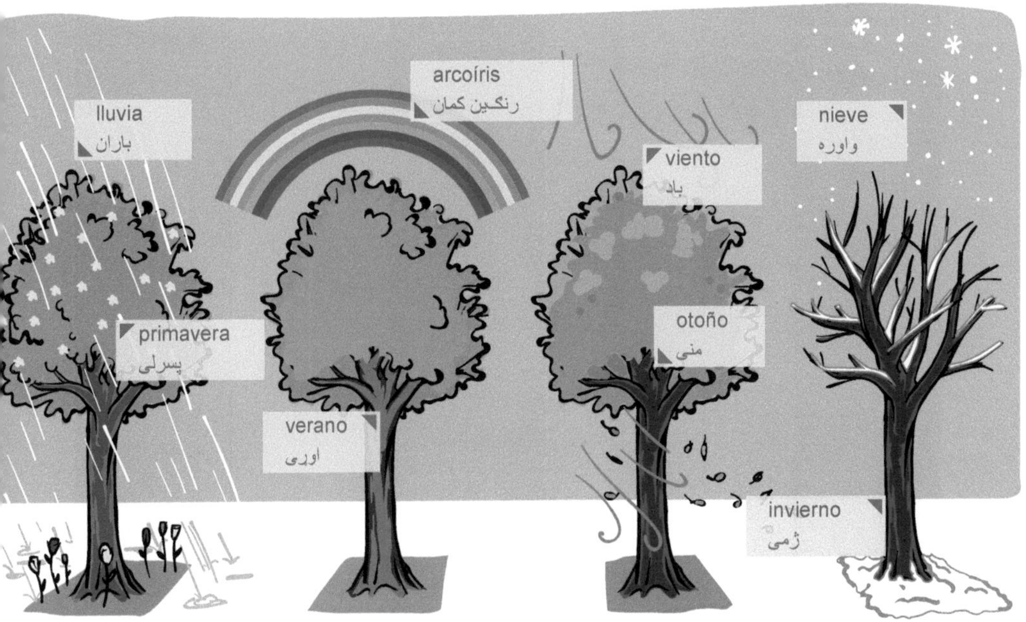

lluvia
باران
arcoíris
رنګين كمان
nieve
واوره
viento
باد
primavera
پسرلی
otoño
منی
verano
اوړی
invierno
ژمی

4.APRIL	11°	
5.APRIL	4°	
6.APRIL	13°	
7.APRIL	8°	
8.APRIL	10°	

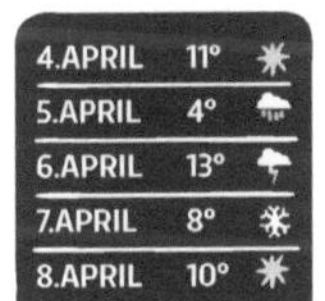

pronóstico del tiempo

د موسم وړاندوينه

F
C
120
90
60
30
0
-30
40
30
20
10
0
-10
-20

termómetro

ترموميټر

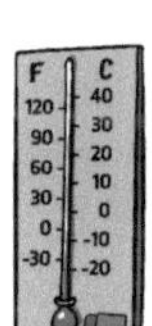

sol

د لمر وړانګې

nube

وريځ

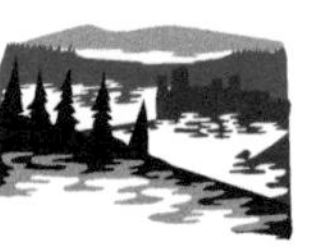

niebla

لړه

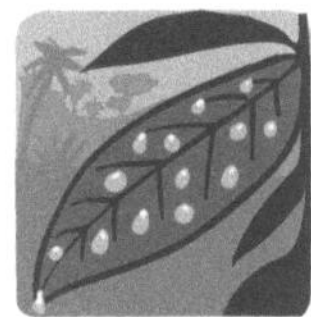

humedad

رطوبت

rayo

رڼا

trueno

تندر

tormenta

توفان

granizo

ږلی وریدل

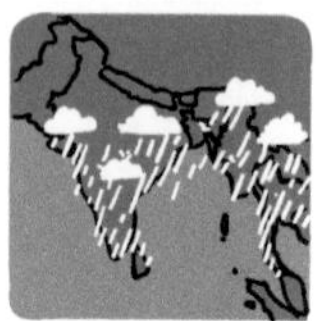

monzón

مون سون باران

inundación

سيلاب

hielo

يخ

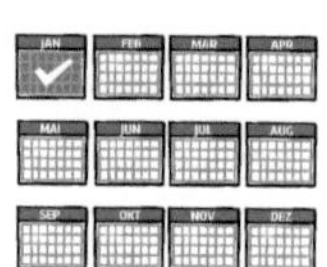

enero

جنوري

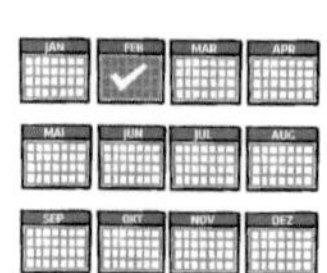

febrero

فبروري

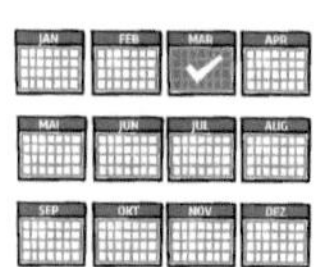

marzo

مارچ

abril

اپریل

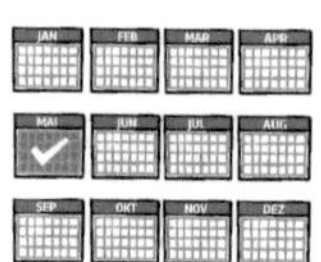

mayo

مى

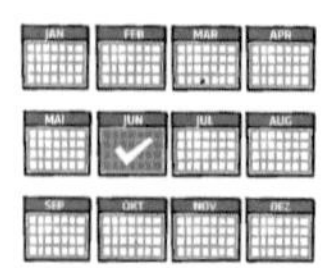

junio

جون

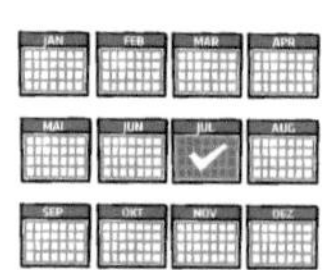

julio

جولاى

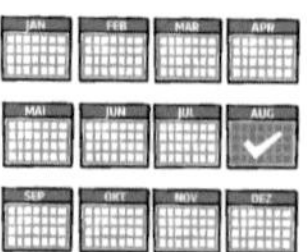

agosto

اګست

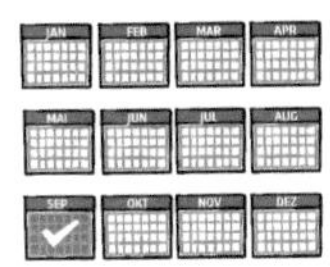

septiembre

سپتمبر

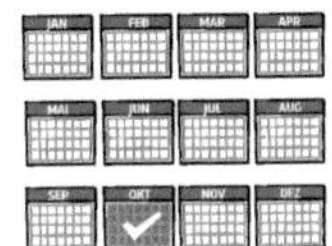

octubre

اکتوبر

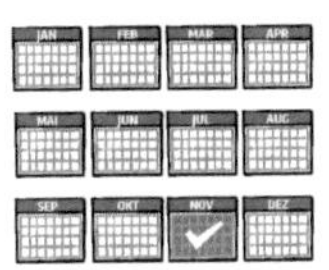

noviembre

نومبر

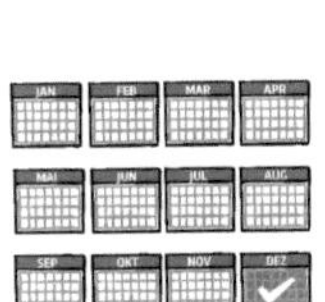

diciembre

دسمبر

formas

شکلونه

círculo

دایره

cuadrado

مربع

rectángulo

مستطیل

triángulo

مثلث

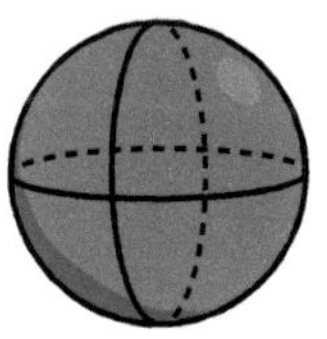

esfera

توپ

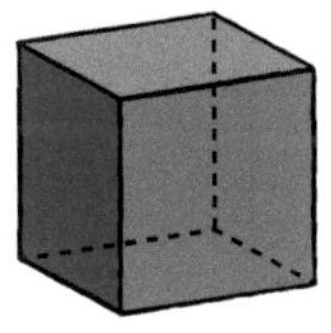

cubo

فال

colores

رنگونه

blanco

سپین

amarillo

ژیړ

anaranjado

نارنجي

rosa

ګلابي

rojo

سور

morado

ارغواني

azul

نیلي

verde

شین

marrón

نسواري

gris

خړ

negro

تور

opuestos

متضاد

mucho / poco

....

خورا ډیر/خورا لږ

enojado / tranquilo

....

قار/ارام

bonito / feo

....

ښکلی/بدشکله

principio / fin

....

پیل/پای

grande / pequeño

....

لوی/کوچنی

claro / oscuro

....

روښانه/تیاره

hermano / hermana

....

ورور/خور

limpio / sucio

....

پاک/ککړ

completo / incompleto

....

مکمل/نامکمل

día / noche

....

ورځ/شپه

muerto / vivo

....

مړ/ژوندی

ancho / estrecho

....

پراخه/نری

comestible / no comestible

....

د خوراک وړ/نه خوړل کیدونکی

malo / amable

....

بد/مهربان

entusiasmado / aburrido

....

پاریدلی/بي خونده

gordo / delgado

....

چاق/وچ

primero / último

....

لومړی/وروستی

amigo / enemigo

....

ملګری/دښمن

lleno / vacío

....

ډک/تش

duro / blando

....

سخت/نرم

pesado / ligero

....

درونډ/سپک

hambre / sed

....

لوږه/تنده

enfermo / sano

....

ناروغ/روغ

ilegal / legal

....

غیرقانوني/قانوني

inteligente / tonto

....

هوښیار/ساده

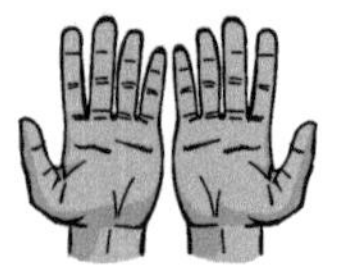

izquierda / derecha

....

کیڼ/ښي

cerca / lejos

....

نږدې/لرې

nuevo / usado

....

نوی/زوړ

nada / algo

....

هيڅ/يوڅه

viejo / joven

....

بډا/ځوان

encendido / apagado

....

چالان/بند

abierto / cerrado

....

خلاص/تړلی

silencioso / ruidoso

....

غلی/لوړ غږ

rico / pobre

....

بډایه/غریب

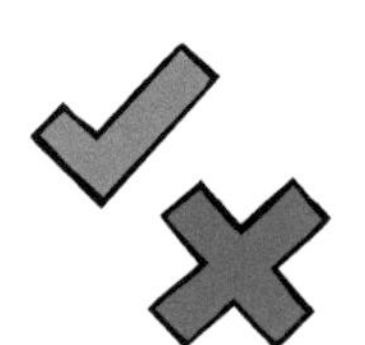

correcto / incorrecto

....

صحيح/غلط

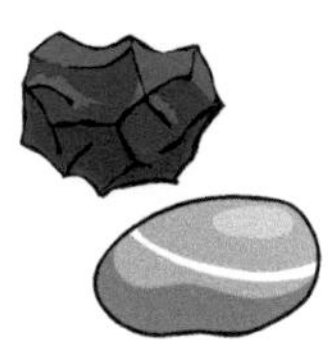

áspero / suave

....

زیږ/ملایم

triste / contento

....

خفه/خوښ

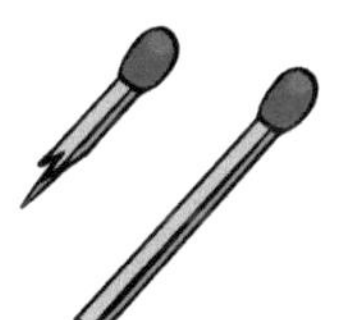

corto / largo

....

لنډ/اوږد

lento / rápido

....

سست/ګړندی

húmedo / seco

....

لوند/وچ

cálido / frío

....

ګرم/یخ

guerra / paz

....

جګړه/سوله

números

شميرې

0

cero

صفر

1

uno

يو

2

dos

دوه

3

tres

درې

4

cuatro

څلور

5

cinco

پنځه

6

seis

شپږ

7

siete

اوه

8

ocho

اته

9

nueve

نهه

10

diez

لس

11

once

يولس

12

doce

دولس

13

trece

دیارلس

14

catorce

څوارلس

15

quince

پنځلس

16

dieciséis

شپاړس

17

diecisiete

وولس

18

dieciocho

اتلس

19

diecinueve

نولس

20

veinte

شل

100

cien

سل

1.000

mil

زر

1.000.000

millón

میلیون

idiomas
ژبې

inglés

انګلسي

inglés americano

امریکایی انګلسي

chino mandarín

چینایی مندرین

hindi

هندي

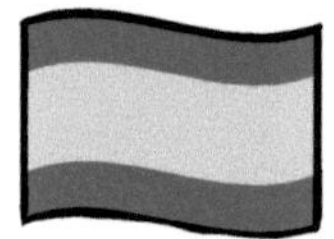

español

هسپانوي

francés

فرانسوي

árabe

عربي

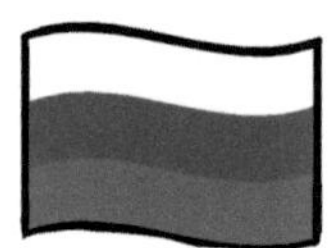

ruso

روسي

portugués

پرتګالي

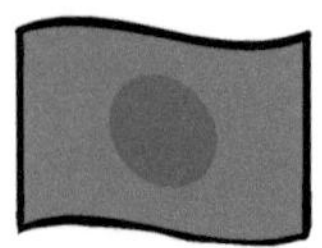

bengalí

بنګالي

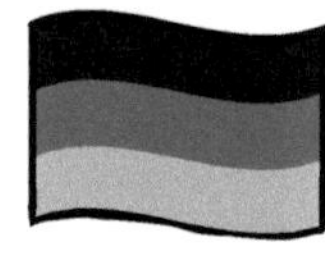

alemán

آلماني

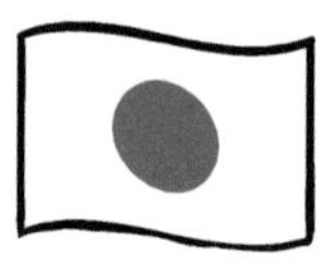

japonés

جاپاني

quién / qué / cómo
څوک/څه/څنګه

yo

زه

tú

ته

él / ella / ello

هغه/دغه/دا

nosotros/as

موږ

vosotros/as

تاسي

ellos/as

دوي/هغوی

¿quién?

څوک؟

¿qué?

څه؟

¿cómo?

څنګه؟

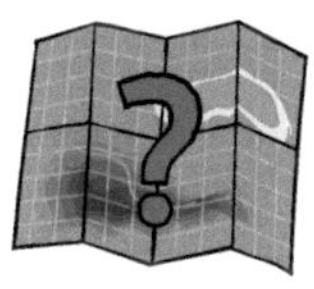

¿dónde?

چیرې؟

¿cuándo?

کله؟

nombre

نوم

dónde

چیرې

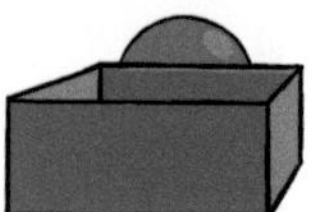

detrás

....

شاته

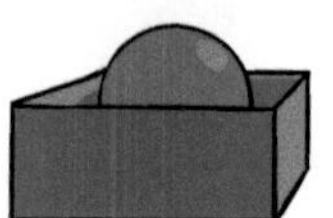

en

....

په

delante de

....

په مخه کې

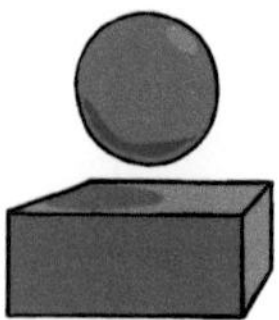

por encima de

....

باندې

sobre

....

په

debajo de

....

لاندې

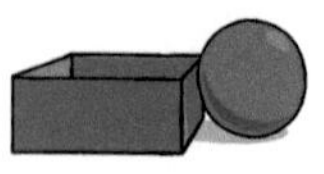

junto a

....

برسیره پر

entre

....

ترمینځ

lugar

....

ځای